Sternzeichen Widder

– Liebe, Partnerschaft, Beruf –

Autor: Alfred P. Zeller
Gesamtherstellung: Naumann & Göbel Verlagsgesellschaft, Köln

Dieses Werk berücksichtigt die neue deutsche Rechtschreibung.
ISBN 3-625-10480-6

Vorwort

In diesem Buch werden Sie auf astrologischer Grundlage viel über sich erfahren. Manches davon haben Sie vielleicht schon gewusst oder zumindest geahnt. Sehr viel mehr jedoch wird für Sie völlig neu sein, wird Ihnen überraschende Erkenntnisse über Fähigkeiten und Kräfte vermitteln, die in Ihnen schlummern. Dadurch können sich Ihnen bislang ungeahnte Möglichkeiten für eine befriedigendere und erfolgreichere Gestaltung Ihres Lebens eröffnen. Aber auch über Ihre Schwächen und Mängel erhalten Sie hier Auskunft, und das ist für Sie fast ebenso wichtig: Nur wenn Sie Ihre Fehler erkennen, können Sie dagegen ankämpfen und dadurch erreichen, dass Ihnen weniger misslingt und das Zusammenleben mit den Mitmenschen reibungsloser und erfreulicher wird.

Astrologie ist weder eine verstaubte Geheimwissenschaft noch eine fragwürdige Zukunftsdeutelei, und erst recht ist sie kein bequemer Vorwand, sich mit dem Hinweis auf einen angeblichen »Schicksalszwang« der Gestirne persönlicher Verantwortung zu entziehen. Vielmehr ist sie die älteste, auf jahrtausendelanger Beobachtung und Bezugsetzung kosmischen und irdischen Geschehens gründende Erfahrungswissenschaft der Menschheit, mit der sich zu allen Zeiten die fortschrittlichsten Geister ihrer Zeit befasst haben, um die Zeitenwende der Universalgelehrte Ptolemäus ebenso wie an der Schwelle zur Neuzeit der große Arzt Paracelsus, der Humanist Melanchthon und die Begründer

der modernen Astronomie und Naturwissenschaft: Kopernikus, Galilei und Kepler. Auch in Goethes Werken ist viel astrologisches Gedankengut lebendig. Astrologie geht von der Erkenntnis aus, dass der Mensch kein isoliertes, abgekapseltes Lebewesen ist, sondern eingebettet ist in ein soziales, geographisches und kosmisches Umfeld, in ein Geflecht von subtilen Beziehungen, die ihn vielfach prägen und beeinflussen. Kosmische »Uhren« steuern alle Lebensvorgänge auf der Erde, kosmisches Geschehen bewirkt den Wechsel von Tag und Nacht, den Ablauf der Jahreszeiten, die Folge von Ebbe und Flut. Alle grundlegenden Lebensvorgänge sind in der Natur im Ganzen oder im Einzelnen kosmisch geprägt und geregelt. Dass dabei auch Strahlungen, die aus dem Weltall zu uns gelangen, eine bedeutsame Rolle spielen, hat man erst in jüngster Zeit entdeckt oder besser gesagt wieder entdeckt, denn unsere Vorfahren haben das schon vor Jahrtausenden intuitiv geahnt.

Kosmisch geprägt wird allerdings nicht eine leere Form, sondern ein individuelles Lebewesen, das von seinen Eltern genetisch verankerte Erbanlagen mitbekommen hat. Wie die genetischen und kosmischen Anlagen verwirklicht werden können, hängt wesentlich vom Umfeld ab, in dem sich das Leben entfaltet. Deshalb reicht ein Horoskop allein nicht aus, um einen Menschen in seiner ganzen Vielfalt zu erfassen und seinen Lebensweg zu erklären.

Seriöse Astrologie bezieht in die Horoskopdeutung stets auch den Horoskopeigner selbst und sein soziales Umfeld mit ein. Astrologie zeichnet keine Zwangsläufigkeiten vor, sie will und kann keine persönlichen Entscheidungen abnehmen oder aufdrängen, sondern vielmehr dem Menschen durch das Aufzeigen seiner Möglichkeiten und Grenzen helfen, die richtigen Entscheidungen zu treffen, will ihm so eine praktische Lebenshilfe sein.

Dieses Buch ermöglicht es Ihnen, zu entdecken, welche Wesenszüge und Fähigkeiten die kosmische Prägung Ihnen gegeben hat, weist Sie auf Ihre Stärken und Entwicklungsmöglichkeiten, aber auch auf Ihre Schwächen und Gefährdungen hin.

Das im ersten Teil gezeichnete Bild beruht auf den beiden wichtigsten Gegebenheiten des Geburtshoroskops, dem Sonnenzeichen und dem Aszendenten, und wird vertieft durch die Aussagen der chinesischen und indianischen Astrologie sowie des keltischen Baum-Horoskops.

Ihr Sonnenzeichen ist das Sternbild, in dem am Tag Ihrer Geburt die Sonne stand; es ist der wichtigste kosmische Prägefaktor. Um eine genauere Differenzierung zu erreichen, teilt man von alters her jedes Tierkreiszeichen in drei Dekaden ein: In der ersten Dekade ist noch ein sich abschwächender Einfluss des vorangehenden Sonnenzeichens wirksam, in der dritten Dekade ein zunehmender Einfluss des folgenden Sonnenzeichens, während sich in der zweiten Dekade die benachbarten Sonnenzeichen nicht auswirken. Dementsprechend ist der Abschnitt »Wer bin ich?« (ab Seite 12) in drei Dekaden gegliedert, so dass Sie je nach Geburtstag die für Sie zutreffende Aussage finden können.

Bedeutsam ist auch ein zweiter kosmischer Prägefaktor, der Aszendent. Darunter versteht man das Tierkreiszeichen, das im Augenblick Ihrer Geburt am östlichen Horizont stand. Der Aszendent verstärkt, schwächt oder variiert die Prägung durch das Sonnenzeichen, weshalb wir ab Seite 49 näher darauf eingehen. Wie Sie Ihren Aszendenten finden, können Sie ab Seite 82 nachlesen.

Während das indianische Horoskop mit seiner Zwölfteilung unserem abendländischen Horoskop entspricht, weichen das chinesische und das keltische Horoskop davon ab. Deshalb finden Sie in den entsprechenden Abschnitten je nach Ihrem Geburtsdatum differenzierte Aussagen, durch welche Ihre individuellen Gegebenheiten genauer eingegrenzt werden.

Verlag und Autor

Inhalt

Tierkreiszeichen auf einer persischen Schale.
Entstanden um 1563.

Messahalah, Der Astronom, 1504

I.
Meine kosmische Prägung

Mein Tierkreiszeichen und Planet

Ihr Tierkreiszeichen ist Widder, Ihr Planet Mars.

Widder ist ein kardinales Feuerzeichen mit Plus-Polarität. Kardinal nennt man die Zeichen, die die Hauptpunkte des Tierkreises kennzeichnen, also Frühlings- und Herbstpunkt sowie Sommer- und Winter-Sonnenwende. Das Zeichen Widder markiert den Frühlingspunkt und ist von starker Wirkmacht. Es symbolisiert vorwärtsdrängende, emporstrebende Kraft, Unternehmungsgeist, Zielstrebigkeit, Ehrgeiz, aber auch Rastlosigkeit, Unbedachtsamkeit und Unbeständigkeit. Als dem Element Feuer zugeordnetes Zeichen steht es für aktives Tun (Leitwort »Angriff«), Durchsetzungskraft und starken Persönlichkeitswillen. Die dadurch bestimmten Haupteigenschaften sind Mut, Entschlossenheit, Eigenwille, Selbstbewusstsein, Tatkraft und Fleiß, aber auch übereilte Unvorsichtigkeit und mangelnde Anpassungsfähigkeit. Die Polarität gibt die Wirkrichtung eines Zeichens an. Positive Zeichen wirken von innen nach außen, negative Zeichen von außen nach innen. Widder ist ein Zeichen mit Plus-Polarität, also ein »aktives« Zeichen, das aktives Handeln und zupackende Tatkraft symbolisiert.

Die astrologischen Grundqualitäten des Frühlingszeichens Widder lassen sich unter dem Kennwort »extravertierte Weltergreifung« zusammenfassen. Im Einzelnen symbolisiert das Zeichen: Aufbruch, Dynamik, Impulsivität, Schwung, Aktivität, Ichbetonung und starken Durchsetzungswillen. Allerdings können die kraftvollen Willenseinsätze wechselnden Zielen gelten, so dass Konflikte und Veränderungen im Leben häufig sein können. Besonders stark ist die Prägekraft des Zeichens, wenn in ihm nicht nur zum Zeitpunkt der Geburt die Sonne gestanden hat, sondern auch der Aszendent in ihm liegt.

Der Mars auf einem Wagen, dessen Räder die Domizile Widder und Skorpion repräsentieren.
Holzschnitt von Hans Sebald Beham 1530/40

Jedem Tierkreiszeichen ist der Planet zugeordnet, dessen Prinzip ihm am vollkommensten entspricht; den jeweiligen Planeten bezeichnet man als »Planetenherrscher«. Im Zeichen Widder »herrscht« Mars, dessen energetisches Prinzip die Tatkraft ist. Er gilt als männlichster aller Planeten, der Kampfeslust und Leidenschaft, Leistungsbereitschaft und Willenskraft symbolisiert, im Negativen freilich auch unbedachtes Draufgängertum, ichbezogene Unduldsamkeit und mangelnde Beständigkeit.

Wenn in Ihrem persönlichen Horoskop der Mars in Ihrem Sonnenzeichen Widder steht, verstärkt er entsprechend den nachfolgend genannten Mars-Eigenschaften gleich gerichtete Prägekräfte Ihres Tierkreiszeichens und bestimmt wesentlich die »Grundqualität« Ihres Horoskops.

Positive Mars-Eigenschaften sind: Rasch entschlossene Umsetzung der Willenskraft in aktives Tun, praktisches Denken, Zielstrebigkeit, auf Anerkennung und Auszeichnung bedachter Fleiß, Mut und Selbstsicherheit, suggestive Darstellungskraft, Lebensbejahung, temperamentvolle Leidenschaftlichkeit, entschiedenes Auftreten, Pioniergeist, Organisationstalent, Führungsqualitäten, rastloser Einsatz.

Negative Mars-Eigenschaften sind: Aggressivität, Unbedachtsamkeit, zerstörerisches Anrennen gegen Hindernisse, Machtgier, Unbeherrschtheit, verwegene Anmaßung, schroffe Rücksichtslosigkeit, Widerspruchsgeist, explosive Hitzigkeit, rechthaberischer Eigensinn, Kampf um des Kampfes willen, Auflehnung, Überschätzung der eigenen Kräfte und Fähigkeiten, mangelnde Sozialbindung.

Seit alters gibt es für die Tierkreiszeichen und Planeten symbolische Bezugsetzungen, die freilich für die heutige Individualhoroskopie keine große Bedeutung mehr haben. Immerhin interessieren sich noch viele Menschen dafür. Hier also Ihre Symbolbezüge:
Ihr Element ist das Feuer.
Ihre Farben sind Rot und Kadmiumgelb.
Ihr Temperament ist das cholerische.
Ihr Metall ist das Eisen.
Ihre Edelsteine sind Rubin, Jaspis, Amethyst, Diamant und Granat.
Ihr Wochentag ist der Dienstag.
Ihre Tiere sind Widder, Wolf, alle Raubkatzen (besonders der Tiger), das Pferd, der Eber, stechende Insekten sowie Tiere (auch Vögel) mit Krallen.
Ihre Pflanzen sind Stechpalme, Dornsträucher, Brennessel, Distel, Nadelbäume, Zwiebel, Knoblauch, Rettich, fleischfressende Pflanzen und allgemein alles Stechende, Brennende, Bittere und Scharfe.
Ihre Zahl ist die Neun.

Wer bin ich?

Aus dem Sonnenstand am Tag Ihrer Geburt lassen sich grundsätzliche Aussagen ableiten, die freilich auf Ihren Aszendenten (siehe Seite 49 und dritter Teil dieses Buches) abgestimmt werden sollten. Über die Einteilung jedes Tierkreiszeichens in drei Dekaden informiert Sie das Vorwort auf Seite 5. Je nachdem, ob Sie in der ersten, zweiten oder dritten Dekade geboren sind, wirken sich verschiedene »typische« Prägekräfte Ihres Sonnenzeichens in unterschiedlicher Weise auf Sie aus.

Sterndeuter.
Aus einem Planetenbuch von 1596

1. Dekade vom 21.03. bis zum 31.03.

Ihr Wesen:	verstandesorientiert und dynamisch
Ihr Auftreten:	energisch, impulsiv, bestimmt, höflich, aber eher distanziert, manchmal auch autoritär
Ihr Wünschen:	ehrgeizig, geradlinig, auf eine führende Rolle bedacht, tatendurstig, erfolgsorientiert, häufig ungeduldig
Ihr Denken:	wendig, selbstständig, ideenreich bis zum Enthusiasmus, auf praktische Problemlösungen orientiert, begeisterungsfähig, manchmal von Selbstzweifeln geplagt
Ihr Handeln:	unabhängig, direkt, entschlossen, unternehmungslustig, unerschrocken, kraftvoll, aber nicht unbedingt ausdauernd, manchmal hektisch und unüberlegt
Ihr Ausdruck:	gewandt, logisch, überzeugend, sicher, offen, manchmal überkritisch
Ihr Fühlen:	leidenschaftlich, triebhaft, vorsichtig, ehrlich, verhalten im Ausdruck der Gefühle

Auf den ersten Blick mag es scheinen, als ob Sie viele löbliche Eigenschaften in sich vereinigen, aber ganz so ungetrübt ist das Bild bei näherer Betrachtung doch nicht. Zu Ihren Lieblingssprichworten zählt: »Wo ein Wille ist, da ist auch ein Weg!« Sie sind energiegeladen, von rasch zupackender Tatkraft, entschlossen und selbstsicher. Sie wollen auf Ihre Umwelt einwirken und Ziele erreichen, wenn möglich auf dem kürzesten Weg. Selbstbestätigung suchen Sie im für jedermann sichtbaren Erfolg. Natürlich setzt Sie diese Haltung mancherlei Gefahren aus: Sie planen gelegentlich nicht gründlich genug, übersehen mögliche Hindernisse, und wenn dann etwas schief geht, wollen Sie entweder mit dem Kopf durch die Wand, unter Umständen ohne Rücksicht auf Verluste, oder Sie geben das Vorhaben ganz auf. Bei entsprechender kosmischer Prägung können Sie sich auch in einen durch nichts zu stillenden Leistungswahn hineinsteigern. Zudem sind Sie als Widder der ersten Dekade auch noch durch Ihre Neigung zum Selbstmitleid gefährdet, bei der Sie die Fehler bei jedem anderen suchen, nur nicht bei sich selbst. Sie sind zwar kein ausgemachter Egoist, aber doch stark ichbezogen.

Schwer fällt es Ihnen, sich in andere einzufühlen, wenn auch dieses Manko durch die Nachbarschaft zum Tierkreiszeichen Fische abgemildert wird. Sie sind als Helfer mehr ein Mann (oder eine Frau) der Tat, der mit spontanen Entscheidungen und praktischen Problemlösungen beisteht. Seelischen Nöten, die geistig-seelische Detektivarbeit und Geduld erfordern, stehen Sie ziemlich hilflos gegenüber; manchmal blicken Sie auch auf Menschen mit »solchen« Problemen geringschätzig herab. Trotzdem zeigen Sie in der Regel eine höfliche Freundlichkeit, die manche Menschen als »Wärme« empfinden, was andere (oft unabsichtlich) dazu bringt, Ihnen ihr Herz auszuschütten. Da ja oft schon das Formulieren von Problemen Erleichterung verschafft, können Sie sogar zum gesuchten »Seelentröster« werden, weil Sie gut zuhören und komplizierte Gegebenheiten klar analysieren können.

Sie besitzen eine fast instinktive Angst, von anderen mit Beschlag belegt, in Ihrem Freiraum eingeengt zu werden; daher Ihre mangelnde Bereitschaft, sich voll und ganz einem anderen Menschen zu öffnen. Wer Sie allerdings genau kennt, weiß, dass Ihre Verhaltenheit nichts mit Kälte zu tun hat, sondern nur mit Ihrer Unfähigkeit, loszulassen und aus sich herauszugehen. Sie wollen – auch in engen Beziehungen – jederzeit das Heft in der Hand behalten und nie die Kontrolle verlieren. Das bedeutet aber manchmal einen »Tanz auf dem Vulkan«: Immer wieder einmal kann sich die tief in Ihnen schlummernde Leidenschaftlichkeit Bahn brechen, so dass aufgetaute Gefühle (im Positiven wie im Negativen) explodieren. Doch das geschieht selten. Als Widder der ersten Dekade müsste es Ihnen gelingen, das für Ihren Partner nötige Maß an seelischer Wärme aufzubringen.

Die ideale Wohnung für Sie enthält viel Holz als Baumaterial. Sie lieben das Improvisierte, die Karawanserei, die Wohnung als

Durchgangsstation »auf dem Weg zu neuen Taten in der weiten Welt«. Ästhetik spielt für Sie dabei eine geringere Rolle als die praktische Anordnung und Verwendbarkeit der Möbel. Die Nachbarschaft zu den Fischen kann Ihre »Wohnhöhle« manchmal in ein stilloses Chaos ausarten lassen.

Bei aller Ichbezogenheit sind Sie keineswegs ein selbstsüchtiger Eigenbrötler, denn Sie leben nach außen, nehmen regen Anteil an Ihrer Umwelt und Ihren Mitmenschen, haben ein scharf ausgeprägtes Gespür für den Wert und Unwert anderer und als Dreingabe noch ein starkes Gerechtigkeitsgefühl, so dass Sie auch stets auf die Interessen und Ansprüche anderer Rücksicht nehmen. Sie unterliegen dabei jedoch der Gefahr, zum einseitigen Gerechtigkeitsfanatiker zu werden, der, wenn er sich im Recht glaubt, die Früchte dieser positiven Anlage durchaus zu riskieren bereit ist zugunsten sturer Rechthaberei. Meist bleibt es jedoch bei einem kurzen Feuerwerk der negativen Gefühle, und der Rauch verfliegt rasch. Eine leichte Schwäche für Sentimentalität und Romantik deutet sich bei Ihnen durch die Nachbarschaft zum Fische-Zeichen an, aber das artet fast nie in Dünnhäutigkeit aus.

»Kompromisslosigkeit« ist eines Ihrer Stichworte. Sie wollen immer reinen Tisch machen, Situationen klären, Atmosphären reinigen. Am wohlsten fühlen Sie sich nach Gewittern und bei rasch wechselnden, manchmal feuchtem »Aprilwetter«.

Ob Sie beim »Großreinemachen« andere verletzen oder sich selbst schaden, kümmert Sie meist wenig. Es wäre gut für Sie, wenn Sie sich immer vor Augen halten würden, dass kein Mensch vollkommen ist und dass es keine absoluten Wahrheiten in der äußeren Welt gibt. Menschliches Miteinander erfordert nun einmal Kompromisse, wenn es halbwegs reibungslos sein soll. Etwas mehr Bedachtsamkeit und Fingerspitzengefühl käme Ihnen und Ihrer Umwelt zugute.

Instinktiv wissen Sie, dass Ihr Hang zur Streitsucht den Weg zum Erfolg nur unnötig behindert, unrentable Vergeudung von Kraft und Zeit ist. Wenn es jedoch zum Kampf kommt, suchen Sie den direkten Weg; ein subtiles Intrigenspiel ist nicht Ihr Fall,

Ihre Waffe ist nicht das Florett, sondern der Piratensäbel. Positiv ist dabei, dass Sie nicht nachtragend oder rachsüchtig sind. Gift für Sie ist der intrigante Kleinkrieg, der Zeit und Kraft kostet. Wenn man Sie in ein solches Ringen hineinzuziehen versucht, machen Sie meist kurzen Prozess und brechen die »diplomatischen« Beziehungen ab.

Zu dem »schweren Gepäck«, das Ihnen Ihr Geburtstag in der ersten Widderdekade mit auf die Reise durchs Leben gegeben hat, zählt Ihre zeitweilige Unfähigkeit, sich zu konzentrieren, eine Last, die, gepaart mit Ihrem nicht seltenen Ungestüm, zum Verhängnis werden kann. Diesen Aspekt sollten Sie unbedingt im Auge behalten.

Ihr ideales Haustier wäre der Jagdhund, mit dem Sie Ihrer Leidenschaft für Natur und frische Luft frönen können.

Bei der Auswahl Ihrer Freunde sind Sie recht kritisch: Ihr feines Gespür für menschliche Werte lässt Sie hohe Maßstäbe anlegen und schränkt die Zahl Ihrer Freunde von vornherein ein. Da Sie ein professioneller »Fettnäpfchentreter« sein können und sich zudem in Ihrer eigenen Gesellschaft häufig genauso wohl fühlen wie als gesellschaftlicher Mittelpunkt, sieht man sich häufig genötigt, sehr vorsichtig mit Ihnen umzugehen, was ja für spontane Freundschaften nicht gerade förderlich ist. Langeweile ist ein Fremdwort für Sie, und nur selten haben Sie das Gefühl, einen Menschen wirklich zu brauchen. All das hindert Sie jedoch nicht daran, einen großen Bekanntenkreis zu haben, denn mit Ihrer zurückhaltenden Höflichkeit, interessanten Beredsamkeit und auf praktische Problemlösungen zielenden Hilfsbereitschaft sind Sie meist recht beliebt.

Im Grunde ist der Umgang mit Ihnen angenehm und unkompliziert. Mit Ihrer Direktheit und Aufrichtigkeit bereiten Sie Ihren Menschen kaum je unerfreuliche Überraschungen. Klar ist aber auch, dass Ihnen das in unserer Zeit der Verstellung und Illusionen manchmal große Schwierigkeiten bereiten kann. Nicht jeder weiß die Ehrlichkeit zu schätzen, mit der Sie das Essen der Gastgeberin kritisieren, wenn es Ihnen einmal nicht geschmeckt hat. Takt ist nicht Ihre Stärke. Versuchen Sie auch, Ihre Neigung zur Überheblichkeit in den Griff zu bekommen. Gepaart mit einer zeitweisen Unentschlossenheit können Sie damit Schiffbruch erleiden, nicht zuletzt auch im Berufsleben. Die Nähe zum Fische-Zeichen wird manchmal Perioden der Launenhaftigkeit auslösen, die im Verein mit Ungeduld und Aggressivität ein Zusammenleben mit Ihnen sehr erschweren.

Unbedachter, jahrelanger Raubbau an Ihren körperlichen Kräften bleibt bei Ihnen anfangs ohne merkliche Folgen, Sie müssen dafür aber später einen um so höheren Preis bezahlen. Ihre »Midlife-Crisis« kann, auch aus diesem Grund, sehr heftig verlaufen. Lassen Sie sich also niemals in einen (meist von Ihnen selbst genährten) Wirbel rastloser Aktivität hineinziehen, der Sie nicht mehr zur Besinnung kommen lässt und schließlich verschlingt.

Wesentliche Punkte Ihrer energetischen Persönlichkeit, die Sie in den Griff bekommen müssen, sind Geduld und vor allem überlegtes, bewusstes Handeln. Halten Sie nach Techniken Ausschau, mit denen Sie Ihr aufbrausendes Temperament in den Griff bekommen können. Wenn Sie mit Hilfe des Fische-Einflusses erkennen, dass die schönsten Dinge des Lebens, Liebe und Freundschaft, sich nur mit Hilfe geduldiger Selbstdisziplin erschließen, wissen Sie, dass es sich lohnt, an sich zu arbeiten. Sie haben viele Talente und gute Eigenschaften, machen Sie sie zu Ihrem Werkzeug!

2. Dekade vom 01.04. bis zum 10.04.

Ihr Wesen:	verstandesorientiert und dynamisch
Ihr Auftreten:	bestimmt, energisch, impulsiv, selbstsicher, höflich, aber eher distanziert, couragiert, manchmal auch autoritär
Ihr Wünschen:	ehrgeizig, zielstrebig, geradlinig, auf eine führende Rolle bedacht, tatenfreudig, erfolgsorientiert, häufig ungeduldig
Ihr Denken:	wendig, scharfsinnig, ideenreich, wirklichkeitsbezogen, auf praktische Problemlösungen orientiert, begeisterungsfähig, idealistisch

Ihr Handeln:	aktiv, unternehmungslustig, entschlossen, unerschrocken, kraftvoll, aber nicht unbedingt ausdauernd, manchmal vorschnell und unüberlegt
Ihr Ausdruck:	gewandt, klar, logisch, überzeugend, sicher, offen, aber nicht immer sonderlich diplomatisch
Ihr Fühlen:	leidenschaftlich, aber nicht herzlich, nach außen verhalten im Gefühlsausdruck, aber häufig sehr triebstark

Auf den ersten Blick mag es scheinen, als ob das lauter sehr löbliche Eigenschaften wären, aber ganz so ungetrübt ist das Bild bei näherer Betrachtung doch nicht. Sie sind energiegeladen, von rasch zupackender Tatkraft, entschlossen und selbstsicher. Sie wollen Dinge in Bewegung bringen, auf Ihre Umwelt einwirken, gesetzte Ziele auf dem kürzesten Weg erreichen und im Erfolg Selbstbestätigung finden. Diese erfolgsorientierte Geradlinigkeit birgt mancherlei Gefahren: Sie planen nicht gründlich genug, übersehen mögliche Hindernisse und Risiken, und wenn dann etwas schief geht, wollen Sie entweder mit dem Kopf durch die Wand oder geben das Vorhaben auf. Ihnen selbst macht es zwar wenig aus, wenn Sie einmal Schiffbruch erleiden; Ihr Selbstwertgefühl wird dadurch nicht angekratzt. Dass auch andere dadurch betroffen sein können, kümmert Sie nicht allzu viel. Sie sind zwar kein ausgemachter Egoist, aber doch stark ichbezogen.

Diese Ichbezogenheit äußert sich auch darin, dass es Ihnen schwerfällt, sich in andere einzufühlen. Zwar sind Sie grundsätzlich hilfsbereit, doch Ihre Möglichkeiten der Hilfe beschränken sich auf praktische Problemlösungen; seelischen Nöten stehen Sie ziemlich ohnmächtig gegenüber. Immerhin kann schon die höfliche Freundlichkeit, mit der Sie andere (oft unabsichtlich) dazu bringen, Ihnen das Herz auszuschütten, lindernde Erleichterung verschaffen, und nicht selten finden Sie auch noch einen überraschenden, praktischen Weg zur Abhilfe.

Auch Ihren Angehörigen – Eltern, Geschwistern, dem Lebenspartner, den Kindern – gegenüber verhalten Sie sich kaum anders: Sie sind zwar freundlich, aber nur selten herzlich, nehmen allerdings Anteil und sind stets am Wohlergehen der Ihnen nahestehenden Menschen interessiert. Wer Sie genau kennt, weiß freilich, dass Ihre Verhaltenheit nicht Abweisung und Gleichgültigkeit bedeutet, sondern auf Ihrer Unfähigkeit beruht, sich vollständig zu öffnen, ganz aus sich herauszugehen. Sie brauchen einfach eine gewisse Distanz aus der instinktiven Angst heraus, von anderen vereinnahmt, in dem für Sie notwendigen inneren Freiraum eingeengt zu werden, sich selbst zu verlieren. Auch in engen zwischenmenschlichen Beziehungen wollen Sie alles kontrollieren und steuern können, und da Sie in der Tiefe Ihres Wesens von einer triebhaften Leidenschaftlichkeit sind, haben Sie sich dafür entschieden, den in Ihnen schlummernden Vulkan durch die Barriere höflicher Verhaltenheit abzuschotten. Das gelingt Ihnen allerdings nicht völlig; immer mal wieder können Ihre aufgestauten Gefühle im Positiven wie (leider häufiger) im Negativen ausbrechen, doch solche Explosionen sind verhältnismäßig selten.

Bei aller Ichbezogenheit sind Sie keineswegs ein selbstsüchtiger Eigenbrötler, denn Sie leben nach außen, sind an Ihrer Umwelt und Ihren Mitmenschen interessiert, haben ein scharfes Auge und ein waches Gespür für den Wert oder Unwert anderer und obendrein ein ausgeprägtes Gerechtigkeitsgefühl, so dass Sie bei Ihrem Tun und Lassen stets auch auf die Interessen und Ansprüche anderer Rücksicht nehmen.

Auch Ihr Idealismus hat zwei Seiten. Sie können sich für Ideale begeistern und setzen sich tatkräftig dafür ein, wenn Sie eine realistische Chance für ihre Verwirklichung sehen; für schwammige Utopien haben Sie nichts übrig. Aber in Ihrer oft unbedachten Impulsivität laufen Sie Gefahr, zum kämpferischen Ideologen zu werden, der sich in Irrwege verrennt und weit über das Ziel hinausschießt.

Geradlinige Offenheit kann erfreulich und erfrischend, aber auch undiplomatisch und schädigend sein. Sie machen da keinen großen Unterschied, sind der Meinung, dass Offenheit zum absoluten Prinzip zwischenmenschlicher Beziehungen erhoben werden sollte, denn Ihnen macht es wenig aus, wenn man Ihnen unverblümt die Meinung sagt, weil Sie einen breiten Rücken haben. Dass die meisten Ihrer Mitmenschen sehr viel dünnhäutiger sind, bedenken Sie nicht, und dass es Leute gibt, die um ihres seelischen Gleichgewichts willen auf irgendeine »Lebenslüge« oder auf einen gewissen Selbstbetrug geradezu angewiesen sind, können Sie nur schwer verstehen. Sie wollen immer reinen Tisch machen, Situationen klären, Atmosphären reinigen. Ob Sie damit andere verletzen oder auch sich selbst schaden, kümmert Sie nur wenig. Vergessen Sie nicht: Kein Mensch ist vollkommen, absolute Wahrheiten gibt es nicht, und menschliches Miteinander erfordert immer Kompromisse, wenn es einigermaßen reibungslos sein soll. Etwas mehr Bedachtsamkeit und Fingerspitzengefühl käme Ihnen im Umgang mit Ihrer Mitwelt sehr zugute.

Manchmal sind Sie recht streitsüchtig, aber das ist nicht die Regel, denn mit Ihrem klaren Sachverstand wissen Sie, dass Streitereien den Weg zum Erfolg nur unnötig behindern, unrentable Vergeudung von Kraft und Zeit sind. Wenn es Ihnen jedoch notwendig und sinnvoll erscheint, weichen Sie Auseinandersetzungen nicht aus. Meist sind Sie nicht nur physisch, sondern auch intellektuell mit Ihrem analytischen Verstand und Ihrer scharfen Zunge ein respektabler Gegner, dem nicht so leicht beizukommen ist. Sie denken nicht daran, Ihren Gegenspieler durch irgendwelche Machenschaften hinterrücks zu Fall bringen zu wollen, sondern suchen den offenen Schlagabtausch. Wenn freilich der andere zu unfairen Mitteln greift, können Sie ungemein heftig reagieren und in Ihrem Zorn zu hart zurückschlagen. Wie immer der Kampf ausgehen mag – nachtragend und rachsüchtig sind Sie nicht. Sie betrachten die Auseinandersetzung als reinigendes Gewitter. Was Sie jedoch – im Privat- und Berufsleben – ganz und gar nicht ertragen können, ist ein zäher, aufreibender

»Kleinkrieg«, der unnötig Kräfte bindet und das Klima vergiftet. Wenn man Sie in ein solches Ringen hineinzuziehen versucht, machen Sie meist kurzen Prozeß und brechen persönliche, gesellschaftliche oder berufliche Beziehungen ab.

Als ungemein dynamischer Mensch begrüßen Sie zwar vielfache Anstöße und Anregungen, aber diese müssen nicht unbedingt von außen kommen, und so sind Sie auf die Nähe anderer nicht allzu sehr angewiesen: Sie fühlen sich auch allein sehr wohl, sind selbst so reich an Ideen und Impulsen, dass es Ihnen in der eigenen Gesellschaft nicht langweilig wird. Enge Freunde haben Sie meist nur wenige, doch können Sie einen großen Bekanntenkreis haben, denn mit Ihrer zurückhaltenden Höflichkeit, interessanten Beredsamkeit und auf praktische Problemlösungen zielenden Hilfsbereitschaft sind Sie meist recht beliebt. Da Sie gut zuhören können und mit nützlichem Rat nicht geizen, zieht man Sie gern ins Vertrauen.

Sie sind mit einem großen Energiepotenzial ausgestattet. Das kann Sie dazu verleiten, mit Ihren Kräften allzu verschwenderisch umzugehen, völlig außer acht zu lassen, dass auch Ihnen Grenzen gesetzt sind. Damit gefährden Sie jedoch nicht nur Ihre Gesundheit (siehe das Kapitel »Meine Gesundheit«), sondern auch Ihre Leistungsfähigkeit. Jahrelang kann Ihre unbedachte Energievergeudung ohne merkliche Folgen bleiben, und wenn die ersten Ausfallerscheinungen auftreten, gelingt es Ihnen in der Regel, diese zunächst durch die Aufbietung Ihres starken Willens zu überspielen, doch wenn Sie nicht spätestens jetzt zur Besinnung kommen und eine entschlossene Wende einleiten, kann es zu spät sein. Jäh kommt es zum totalen Zusammenbruch – Sie sind ausgebrannt, haben Ihr Potenzial erschöpft. Sie sollten deshalb möglichst früh lernen, Ihre Kräfte planvoll einzuteilen, auf Zeiten der Anspannung regelmäßige erholsame Pausen folgen zu lassen, so dass Geist und Körper sich regenerieren können. Lassen Sie sich nicht in einen großen (großenteils von Ihnen selbst erzeugten) Wirbel rastloser Aktivität hineinziehen, der Sie nicht mehr zur Besinnung kommen lässt und Sie schließlich verschlingt.

Wenn Sie Ihren Tätigkeitsdrang nicht rechtzeitig zügeln und steuern lernen, geht es Ihnen wie Goethes Zauberlehrling, dessen von ihm ausgelöste Aktivitäten im Chaos zu enden drohten.

Sie haben viele gute Anlagen, doch können diese auch ins Negative übersteigert sein. So kann aus Tatendrang unbedachtes Draufgängertum werden, aus Leidenschaftlichkeit Unbeherrschtheit, aus Gerechtigkeitssinn Rechthaberei, aus Willenskraft autoritäre Selbstherrlichkeit, aus Ichbezogenheit rücksichtsloser Egoismus, aus Zielstrebigkeit hemmungsloses Strebertum, aus mutiger Offenheit aggressive Streitsucht. Sie sollten jedoch auf diese möglichen Schwächen besonders achten und mit der Willenskraft, die Ihnen zu eigen ist, dagegen angehen.

3. Dekade vom 11.04. bis zum 20.04.

Ihr Wesen:	verstandesorientiert und willensbetont dynamisch
Ihr Auftreten:	bestimmt, energisch, selbstsicher, höflich, aber eher kühl bzw. distanziert, couragiert, manchmal etwas schwerfällig
Ihr Wünschen:	zielstrebig, fleißig, geradlinig, auf eine führende Rolle bedacht, tatenfreudig, erfolgsorientiert, manchmal habgierig
Ihr Denken:	scharfsinnig, ideenreich, realistisch, auf praktische Problemlösungen orientiert, begeisterungsfähig, idealistisch
Ihr Handeln:	aktiv, unternehmungslustig, entschlossen, geschäftstüchtig, unerschrocken, kraftvoll, aber nicht unbedingt reaktionsschnell, manchmal unüberlegt
Ihr Ausdruck:	logisch, klar, überzeugend, sicher, offen, manchmal stur
Ihr Fühlen:	leidenschaftlich, aber nicht herzlich, nach außen zurückhaltend im Gefühlsausdruck, manchmal genusssüchtig

Zu Ihren Lieblingssprichworten zählt: »Wo ein Wille ist, da ist auch ein Weg!« Sie sind energiegeladen, von rasch zupackender Tatkraft, entschlossen und selbstsicher, manchmal bis zur Sturheit. Ihr ganzes Sinnen ist auf Bewegung im Äußeren gerichtet; das Studium subtiler geistig-seelischer Vorgänge, der »Blick nach innen«, ist nicht Ihr Fall. Sie wollen auf Ihre Umwelt einwirken, sie formend verändern und Ziele erreichen, wenn irgend möglich auf dem kürzesten Weg. Diese am äußeren Erfolg orientierte Geradlinigkeit birgt mancherlei Gefahren: Sie planen nicht gründlich genug, übersehen mögliche Hindernisse und Risiken, und wenn sich dann der Misserfolg schon abzeichnet, hört man Sie häufig sagen: »Jetzt erst recht!«. Wenn Sie dann auch noch die Beeinflussung durch das Nachbar-Tierkreiszeichen Stier mit einer »breiten Schulter« segnet, ist manchmal Ihr Weg mit dem Kopf durch die Wand und den sich daraus zwangsläufig ergebenden schmerzhaften Folgen vorgezeichnet. Zudem sind Sie als Widder der dritten Dekade noch durch einen Hang zur Gier, besonders zur Besitzgier, gefährdet, der Sie, verbunden mit einer Tendenz zum Geiz, zu einem unangenehmen Zeitgenossen machen kann. Aber das kommt sehr selten vor, und Neigungen dieser Art lassen sich mit Ihren vielen guten Eigenschaften ganz gut in den Griff bekommen.

Besonders schwer fällt es Ihnen, sich in andere einzufühlen, und verstärkt wird dieses Problem auch noch manchmal durch die Nachbarschaft zum Tierkreiszeichen Stier mit seinem beharrlichen, selbstzufriedenen Materialismus. Sie sind prinzipiell ein Mann der Tat, meist ein »Selfmademan«, ein Mann für schnelle Entscheidungen und praktische Problemlösungen. Seelischen Nöten stehen Sie ziemlich hilflos gegenüber, aber es gelingt Ihnen meist, auch durch die Wahl Ihres Partners, solche Probleme auf andere abzuwälzen. Allerdings legen Sie in der Regel eine höfliche Freundlichkeit an den Tag, die viele Menschen als »Wärme« empfinden. Da Sie gut zuhören und Probleme rasch und exakt analysieren können, sind Sie vielleicht sogar ein gesuchter Ratgeber, soweit es um praktische Lösungen geht.

Auch Ihre Angehörigen bekommen Ihre Grundeinstellung zu spüren: Sie sind zwar freundlich, aber nur selten herzlich, nehmen allerdings regen Anteil und sind meist am Wohlergehen der Ihnen nahestehenden Menschen interessiert, wenn auch meist vom materiellen Gesichtspunkt her. In Ihnen wohnt eine tief wurzelnde Angst, von anderen in irgendeine Form emotionaler Abhängigkeit getrieben, von jemanden in Beschlag genommen zu werden. Ihre Freiräume sind Ihnen heilig, daher Ihr Mangel an Bereitschaft, sich voll und ganz einem anderen Menschen zu öffnen. Wer Sie jedoch genau kennt, weiß, dass Ihre Zurückhaltung nichts mit Kälte zu tun hat, sondern nur mit Ihrer Unfähigkeit, loszulassen und aus sich herauszugehen. Sie wecken damit naturgemäß nicht unbedingt Sympathie in Ihrer Umwelt, Erfolge sind deshalb für Sie meist erkämpfte Erfolge, auf die Sie mit Recht stolz sein können. In den Schoß fällt Ihnen nichts. Auch in engen Beziehungen wollen Sie immer »am Drücker« sein, das Heft nie aus der Hand geben, stets die Kontrolle behalten.

Glücklich ist der Widder-Geborene der dritten Dekade, der ein rechtes Maß vom Stier-Einfluß mitbekommen hat: Er kann in bestimmten Lebensphasen zum »Wunder-Widder« werden, der an seine Aufgaben mit Ausdauer, Gründlichkeit, Überlegung und Präzision herangeht. Dann schadet es auch nicht mehr, dass die »Spielregeln«, die sich eine Gesellschaft gegeben hat, für den Widder manchmal nur schwer erlernbar sind: Er schafft einfach neue, nach denen sich dann seine Umgebung richten muss und es meistens auch tut. Es ist schon so: Was »man« tut, ist für einen echten Widder kein Maßstab.

Die ideale Wohnung für Sie enthält viel Holz als Baumaterial. Sie lieben die Improvisation, die Karawanserei, die Wohnung als Durchgangsstation »auf dem Weg zu neuen Taten«. Ästhetik spielt in Ihrem häuslichen »Mikroklima« eine geringere Rolle, Sie achten viel mehr auf die praktische Anordnung und Verwendbarkeit der meist massiven Möbel; manchmal läßt Sie der Stier-Einfluß auch großen Wert auf häusliche Gemütlichkeit legen.

Sie nehmen regen Anteil an Ihrer Umwelt und Ihren Mitmenschen und besitzen ein ausgeprägtes Gerechtigkeitsgefühl. Letzteres kann Sie jedoch zuweilen zum sturen Gerechtigkeitsfanatiker werden lassen, besonders wenn Ihr Nachbartierkreiszeichen stärkere Wirkung zeigt. Dann sind Sie manchmal durchaus bereit, die Früchte dieser positiven Anlage zugunsten unbeugsamer Rechthaberei zu riskieren. Meist lassen Sie danach die Scherben von anderen beseitigen und betrachten die Folgen Ihres Tuns als nebensächliche Kleinigkeiten, »Sturbock« ist vielleicht ein Schimpfwort, das Ihnen nicht unbekannt ist...

Kompromisslosigkeit wird Ihnen häufig nachgesagt. Sie wollen immer reinen Tisch machen, Situationen klären, Atmosphären reinigen. Am wohlsten fühlen Sie sich bei rasch wechselndem Wetter und nach warmen Gewittern. So manches »Großreinemachen« ist schon von Ihnen veranstaltet worden, besonders wenn Sie beruflich die von Ihnen fast immer erstrebte Führungsposition einnehmen. Meist hat es Sie dabei wenig bekümmert, dass Sie die Gefühle anderer verletzt oder sich selbst geschadet haben. Es wäre gut für Sie, wenn Sie sich immer vor Augen halten, dass kein Mensch vollkommen ist und dass es keine absolute Wahrheit in der für unsere Augen sichtbaren Welt gibt. Menschliches Miteinander erfordert nun einmal Kompromisse, wenn es halbwegs reibungslos ablaufen soll. Etwas mehr Bedachtsamkeit und Fingerspitzengefühl kämen Ihnen und Ihrer Umwelt durchaus zugute. Instinktiv wissen Sie ja, dass Ihr Hang zur Streitsucht den Weg zum Erfolg mit Steinen pflastert, unrentable Vergeudung von Kraft und Zeit ist. Selten sind Sie nachtragend und rachsüchtig. Gift für Sie ist der intrigante Kleinkrieg mit subtilen Winkelzügen, der Zeit und Kraft kostet. Ist man ein so schlechter Menschenkenner, dass man Ihnen in einem derartigen Ränkespiel eine Rolle zuweisen möchte, machen Sie meist kurzen Prozess und brechen die Beziehungen ab, häufig übrigens zu Ihrem Vorteil.

Bei der Auswahl Ihrer Freunde sind Sie recht kritisch: Ihr ausgeprägtes Gespür für menschliche Werte (die Sie jedoch fast ausschließlich in Äußerlichkeiten messen) lässt Sie hohe Maßstäbe anlegen und schränkt die Zahl Ihrer echten Freunde von vornherein ein. Spontane Freundschaften oder ein Bierchen mit einem Ihnen völlig Fremden in Ihrer Stammkneipe sind nicht Ihr Fall. Langeweile ist für Sie ein Fremdwort, weil Sie sich in Ihrer eigenen Gesellschaft genauso wohl fühlen wie unter vielen Menschen. Das Gefühl, einen Menschen wirklich zu brauchen, lernen Sie selten kennen. »Ein Arzt kann auch nur meinem Körper helfen, sich selbst zu heilen«, ist ein Ausspruch, der von Ihnen stammen könnte.

Im Grund ist der Umgang mit Ihnen angenehm und unkompliziert. Ihre Direktheit und Aufrichtigkeit und Ihr Sinn für Gemütlichkeit sorgen dafür, dass Sie für die meisten Menschen berechenbar sind, ein Plus in unserer so sehr auf »Sicherheit« bedachten Welt. Natürlich läßt diese Ehrlichkeit so manches Fettnäpfchen nicht aus (Takt ist nicht unbedingt Ihre Stärke), aber Ihr ganzes Wesen macht ein Übersehen oder Verzeihen dieses »Fehlers« leicht.

Versuchen Sie, Ihre Neigung zur Überheblichkeit in den Griff zu bekommen. Im Berufsleben kann sie sich verhängnisvoll auswirken, besonders wenn Sie der Einfluss des Nachbartierkreiszeichens Stier zu einem törichten Verteidigen von Dingen treibt, die sich schon als falsch erwiesen haben. Für Sie wichtige Eigenschaften, um die Sie sich bemühen sollten, sind Geduld und vor allem überlegtes, bewusstes Handeln. Versuchen Sie, nach Techniken Ausschau zu halten, mit denen sich Ihr aufbrausendes Temperament beherrschen läßt. Wenn Ihnen der Stier-Einfluss hilft, zu erkennen, dass sich die schönsten Dinge des Lebens, Liebe und Freundschaft, nur mit Hilfe geduldiger Selbstdisziplin und einem gewissen Maß an ruhiger Selbstbeobachtung erschließen, können Sie zu einer bereichernden Vertiefung Ihrer Erlebenswelt kommen. Sie haben viele Talente und gute Eigenschaften, die Sie nicht nur zum eigenen Nutzen, sondern auch zum Wohl Ihrer Mitmenschen einsetzen können.

Meine Anlagen und Neigungen

Sie sind extrovertiert, leben also gleichsam von innen nach außen. Das bedeutet, dass Sie Menschen, Ereignisse und Aufgaben nicht passiv auf sich zukommen lassen, sondern durch aktives Handeln auf sie einwirken, sie beeinflussen und gestalten, die Dinge selbst in die Hand nehmen wollen. Schon in der Kindheit sind Leistungswille und Ehrgeiz in Ihnen lebendig, streben Sie danach, sich hervorzutun und auszeichnen zu können. Das wird auf allen möglichen Gebieten geschehen, denn Sie sind in der Regel vielseitig interessiert und begabt. Deshalb finden Sie vermutlich schon früh die Selbstbestätigung, die Ihnen Selbstsicherheit gibt. Mit den Erfolgen wächst das Vertrauen in Ihre Kräfte und Fähigkeiten. Hüten Sie sich aber vor hemmungslosem Strebertum und überheblichem Dünkel!

Früh zeigt sich bei Ihnen erfolgsorientiertes, zielgerichtetes Denken, das mit einem wachen Sinn für das praktisch Machbare stets wirklichkeitsbezogen bleibt. Für utopische Wunschträume haben Sie wenig übrig. Verbunden mit dieser Zielstrebigkeit ist eine starke Zentrierung auf die eigenen Interessen. Das kann, muss aber nicht, in Egoismus ausarten, in eine selbstsüchtige Eigenbrötelei, die nur auf den eigenen Vorteil aus ist. In der Regel freilich läuft die Entwicklung auf einen gesunden Selbstbehauptungswillen hinaus, der die berechtigten Ansprüche anderer durchaus gelten lässt.

Sie denken konkret und praktisch, und entsprechend klar und sachlich sind Sie auch in Ihren mündlichen und schriftlichen Äußerungen. Sie lassen sich nicht von Gefühlen, sondern von Ihrem Verstand leiten. Deshalb fällt es Ihnen auch schwer, sich in andere Menschen einzufühlen, Stimmungen zu erahnen, Zwischentöne wahrzunehmen. Sie sind einfallsreich, aber nicht sonderlich schöpferisch. Ihre Stärke liegt mehr beim Durchplanen und Organisieren. Sie wollen nicht unbedingt Neues in die Welt bringen, sondern das, was Sie in der Welt vorfinden, nach Ihren Vorstellungen beleben und gestalten. Und wenn Sie erst einmal wissen, was Sie wollen, haben Sie sich auch meist schon den kürzesten Weg zurechtgelegt, auf dem Sie Ihr Ziel erreichen können.

Sie denken nicht nur praxisbezogen, sondern sind auch in Ihrem Handeln ein Praktiker; meist sind Sie manuell recht geschickt, basteln als Kind gern, und wenn Sie einen Schreibtischberuf ergreifen, betreiben Sie als Ausgleich oft ein Bastel-Hobby. Beim Handwerklichen liegt Ihnen wie bei allem Ihrem Tun vor allem das entschlossene Zupacken, die rasche Problemlösung; zu langweiligen Routinearbeiten und mühseligen Wiederholungen fehlt Ihnen die Geduld.

Eigenwillig und selbstbewusst, wie Sie sind, können Sie sich nur schwer unterordnen, wollen sich nicht gängeln und herumschubsen lassen. Das bekamen schon Ihre Eltern zu spüren, die es mit Ihrer Erziehung nicht immer leicht hatten, aber da Sie in der Regel zurückhaltend und höflich sind und Ihr wacher Verstand Ihnen sagt, wann es besser ist, die Autorität eines Stärkeren und Kompetenteren anzuerkennen, vermeiden Sie dramatische Auseinandersetzungen mit Ihrer Umwelt, die Ihnen außer Unannehmlichkeiten nichts einbringen. Das gilt bei Ihnen für die Schulzeit ebenso wie für das Berufsleben.

Wenn Sie die erstrebte Führungsposition erreicht haben, fühlen Sie sich in Ihrem Element, aber Sie müssen einiges dafür tun, das in Sie gesetzte Vertrauen zu rechtfertigen und Ihre Aufgaben bestmöglich zu lösen. Welche Ihrer Anlagen sind für eine führende Rolle positiv, welche negativ? Positiv sind Ihre rasch zupackende Tatkraft, Ihre mitreißende Dynamik, Ihr auf das praktisch Machbare ausgerichtetes Denken, Ihr geradliniges Planen. Negativ sind Ihre Vernachlässigung von Details, Ihre Missachtung möglicher Hindernisse und Fehlschläge und Ihr Mangel an Geduld und ausdauernder Zähigkeit. Wenn Sie Dinge erst einmal in Bewegung gebraucht haben und alles glatt läuft, so dass Sie keine neuen Anstöße mehr geben müssen, verlieren Sie rasch das Interesse. Spaß macht Ihnen der große Wurf, der weitzielende Plan, die zündende Idee, aber das Ausarbeiten der Einzelheiten, die alltägliche Kleinarbeit öden Sie an. Zwar können Sie Mitarbeiter und Untergebene für Ihre Vorhaben begeistern, sie exakt instruieren und effektiv anleiten, aber Ihre Ichbezogenheit kann Probleme schaffen: Sie stellen an sich selbst sehr hohe Anforderungen und gehen davon aus, dass auch alle anderen diesen Anforderungen genügen müssten. Wird jemand Ihren Ansprüchen nicht gerecht, werden Sie rasch ungeduldig und manchmal auch ungerecht: Redliches Bemühen und guter Wille zählen für Sie wenig, Sie messen die Menschen an Erfolg und Misserfolg. Dieses Messen an eigener Stärke ist häufig Ihre größte Schwäche, die Ihnen das Führen von Mitarbeitern erschwert, weil Sie bei diesen allzu ichbezogene Maßstäbe anlegen. Wollen Sie diesen Fehler vermeiden, müssen Sie lernen, auf die Gegebenheiten Ihrer Mitmenschen besser einzugehen, damit Sie jedem die Rolle zuteilen können, die seinen Fähigkeiten am besten entspricht. Nur wenn Sie dazu imstande sind, eignen Sie sich wirklich für eine Führungsposition.

Besonnene Planung ist nicht nur für Ihr Berufsleben, sondern für Ihre ganze Lebensführung wichtig. Sie neigen zu einem vorschnellen Aktivismus, zu unbedachten Impulshandlungen. Manchmal schreiten Sie schon zur Tat, noch ehe Sie die Wege festgelegt haben, die Sie begehen wollen, doch in solchen Fällen wird Ihnen Ihr wendiger Geist den erforderlichen »Marschplan« meist rasch nachliefern. Ärgerlicher kann es werden, wenn Sie sich zu wenig Gedanken über mögliche Folgen Ihres Tun gemacht haben. Hartes Anecken kann Ihnen dann manche Beule einbringen. Ob Sie daraus Ihre Lehren ziehen und in Zukunft vorsichtiger agieren, ist allerdings mehr als fraglich, denn schließlich hat ein echter Widder einen dicken Schädel und kann manchen Zusammenprall vertragen. Mit gutem Willen und mehr Vorbedacht könnten Sie sich und Ihrer Umwelt solche »Bocksprünge« ersparen.

Da Sie ein selbstbewußter Optimist sind, machen Ihnen gelegentliche Mißerfolge nicht allzu viel aus; Ihre Selbstsicherheit wird dadurch kaum angekratzt. Selten suchen Sie die Schuld bei sich; meist finden Sie einen anderen Sündenbock oder reden sich auf widrige Umstände und dergleichen heraus. Diese Hartnäckigkeit, mit der Sie immer neue Anläufe nehmen, sollten Sie aber auch aufbringen, wenn es um die Durchführung übernommener Aufgaben geht. Bleiben Sie bei der Stange, führen Sie Angefangenes zu Ende, pflastern Sie nicht Ihren Lebensweg mit abgebrochenen Versuchen. Nicht die angepeilten, sondern nur die erreichten Ziele machen die Summe eines Lebenswerks aus!

In der astrologischen Literatur finden sich ausführliche Zuordnungen von Berufen zu den Tierkreiszeichen, die auf traditioneller Symbolik beruhen. Dem Widder zugeordnet sind Militär, Polizei, Jägerei, Techniker, Ingenieure, Konstrukteure, Berufe der Kraftfahrzeugindustrie, Feuerwehr, Berufe, die mit dem Feuer zu tun haben (Schmiede, Schweißer, Gießer, Heizer usw.), Dompteure, Artisten, Künstler, Kampfsportler, Rennfahrer, Piloten, Naturwissenschaftler, Chirurgen, Anwälte, Agitatoren, Unternehmer, Topmanager; bei Frauen medizinische oder medizinisch-technische Berufe, Sportlehrerin, Direktrice, Chefsekretärin, Journalistin und ähnliches.

Die tiefgreifenden Veränderungen im modernen Arbeitsleben lassen starre Festlegungen wenig sinnvoll erscheinen. Die Lage auf dem Arbeitsmarkt hat sich gegenüber früheren Zeiten dramatisch gewandelt. Nur noch eine Minderheit der jungen Menschen, die heute ins Berufsleben eintreten, wird zeit ihres Lebens in dem zunächst gewählten Beruf tätig sein. Eine neue Flexibilität, eine Bereitschaft zum Umdenken und Umlernen, ist gefragt, die freilich Ihnen mit Ihrer Lust am Neuen, mit Ihrer geistigen Wendigkeit und Ihren vielfachen Interessen durchaus liegt: Es reizt Ihren Ehrgeiz und aktiviert Ihren Tatendrang, vielfach gefordert zu werden, auf mehr als nur einem Gebiet sich bestätigen zu können. Sie sind für die Erfordernisse unserer auf Mobilität ausgerichteten Zeit gut gerüstet.

Meine Gesundheit

Wenn in früheren Jahrhunderten Leute von Rang und Namen erkrankt waren, wurde als erstes nicht der Arzt, sondern der Astrologe gerufen, der dem Heilkundigen die für Diagnose und Behandlung wichtigen Hinweise zu geben hatte. Häufig waren jedoch die Ärzte selbst Astrologen, so etwa Paracelsus, der bedeutendste Mediziner an der Wende des Mittelalters zur Neuzeit, der die Meinung vertrat, dass die Beachtung der Gestirnstände eine notwendige Voraussetzung für jede erfolgreiche Behandlung sei. Das war damals schon seit Jahrtausenden üblich, wie Zeugnisse aus der griechischen und römischen Antike beweisen.

Uralt sind auch die Zuordnungen bestimmter Körperteile, Organe und Erkrankungen zu Tierkreiszeichen und Gestirnen. Das bedeutet nichts anderes, als dass je nach den Konstellationen des Geburtshoroskops bestimmte Schwachpunkte und Gefährdungen gegeben sind. Es heißt jedoch nicht, dass entsprechende Erkrankungen und Schädigungen tatsächlich eintreten müssen: Eine durch kosmische Prägung gegebene, im Geburtshoroskop angezeigte Krankheits- und Schädigungsdisposition wird erst dann akut, wenn im weiteren Verlauf des Lebens bestimmte auslösende Gestirnstände die schlummernden Anlagen aktivieren. Daraus ist freilich nicht zu schließen, dass »die Sterne krank machen«; sie machen ebensowenig krank, wie eine Uhr Zeit »macht«. Uhren zeigen Zeit an, und genauso zeigen Gestirne drohende Gefährdungen an. Wenn ich rechtzeitig auf diese Warnungen achte, meine Schwachpunkte kenne und weiß, welche Gefahren mir drohen, kann ich Gegenmaßnahmen ergreifen, um sie abzuwenden. Ich kann ganz gezielt meine Lebensweise und Ernährung umstellen, auf Genussgifte verzichten, meinen Organismus durch Bewegung, Gymnastik, Wasseranwendungen nach Kneipp usw. kräftigen und so dafür sorgen, dass meine Krankheitsdispositionen nicht zu tatsächlichen Erkrankungen werden.

Auf den ersten Blick erscheinen die traditionellen medizinischen Bezugsetzungen der Astrologie fast primitiv. Dem Widder zugeordnet sind Kopf (besonders die Schädelknochen, die Augen, das Großgehirn, die Kopfnerven und die Zähne) und als sekundäre Körperregionen Niere, Blase und Haut. Es besteht eine Neigung zu Kopfschmerzen, Schwindelanfällen, Schlaganfällen, geistiger Überanstrengung, Neuralgien, Gehirnkrankheiten, aber auch zu Blasen- und Nierenleiden. Dem Tierkreiszeichen Widder entspricht der Planet Mars. Ihm werden unter anderem die roten Blutkörperchen, die Muskeln und Sehnen und die Knorpel zugeordnet. Er signalisiert eine Gefährdung durch Unfälle, Blutergüsse, entzündliche, fiebrige Leiden und operative Eingriffe.

Die Entsprechungen liegen auf der Hand: Der Widder will gern mit dem Kopf durch die Wand – kein Wunder, dass die Kopfregion besonders gefährdet ist. Und Mars war der Gott des Krieges, weshalb es nahelag, ihn für blutige Verletzungen und die kampfentscheidende Muskulatur »verantwortlich« zu machen. Doch ganz so einfach liegen die Dinge nicht: Die Astrologie hat diese Bezüge nicht willkürlich festgelegt, sondern in Jahrtausenden durch geduldige Beobachtung von irdischem und kosmischem Geschehen erarbeitet.

Gefährdung und Vorbeugung

Die bei Ihnen angezeigten Gefährdungen bedeuten keineswegs, dass es schicksalhaft und unausweichlich zu einer entsprechenden Schädigung kommen muss, sondern lediglich, dass Sie in dieser Hinsicht besonders vorsichtig sein müssen, damit eine bei Ihnen gegebene Möglichkeit nicht zur schadenbringenden Wirklichkeit wird.

Das hat zunächst einmal mit Astrologie nur wenig zu tun, sondern ist ein Gebot des gesunden Menschenverstands. Wenn Sie beispielsweise wissen, dass sie einen »schwachen Magen« haben, werden Sie ganz von selbst darauf achten, ihn nicht durch unbekömmliche, überreichliche Nahrungszufuhr zu überlasten, denn Sie wissen aus schmerzlicher Erfahrung, was die Folge sein wird.

Aufteilung der Tierkreiszeichen auf die verschiedenen Körperzonen

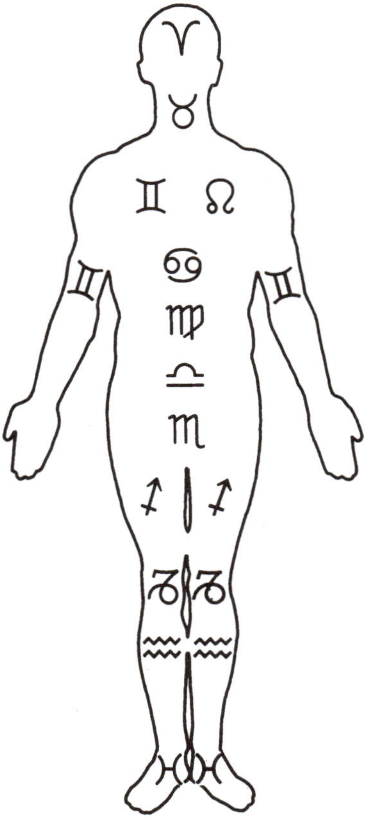

♈ Widder: Kopf
♉ Stier: Kehle, Hals
♊ Zwillinge: Lunge und Arme
♋ Krebs: Brust und Magen
♌ Löwe: Herz
♍ Jungfrau: Darm
♎ Waage: Nieren und Harnleiter
♏ Skorpion: Geschlechtsorgane
♐ Schütze: Oberschenkel
♑ Steinbock: Knie
♒ Wassermann: Waden
♓ Fische: Füße

Bei derart offenkundigen Gefährdungen Ihres Wohlbefindens tun Sie meist von sich aus das Richtige, um akute Beschwerden zu vermeiden.

Die im Horoskop angezeigten Gefährdungen mögen Ihnen zwar weniger klar bewusst sein, sind aber ebenso ernst zu nehmen. Der Wert der Horoskopaussage liegt ja gerade darin, dass sie Ihnen Erkenntnisse über Ihre leib-seelischen Anlagen und Gegebenheiten vermittelt, also auch über Ihre physische und psychische Gesundheit und deren mögliche Beeinträchtigungen. Wenn Sie Ihre Schwachpunkte kennen, können Sie gezielt dagegen angehen und durch vorbeugende Maßnahmen dafür sorgen, dass Anfälligkeiten nicht zu Erkrankungen und Schädigungen führen. Wir müssen uns hier freilich auf allgemeine Hinweise beschränken, denn die sogenannte Astromedizin oder medizinische Astrologie ist eine hochkomplizierte Erfahrungswissenschaft, deren Diagnose- und Therapiemethoden nicht auf wenigen Seiten darstellbar sind.

Ihre durch das Sonnenzeichen angezeigten Gefährdungen betreffen in erster Linie den Kopf mit Augen, Zähnen, Gehirn und Kopfnerven und in zweiter Linie die Nieren und die Blase. Sie sind anfällig für Kopfschmerzen, Schlaflosigkeit, Neuralgien, Zahnschmerzen, Augenleiden, aber auch für Nervosität, Nieren- und Blasenleiden. Die Gefährdung im Kopfbereich kann bis zum Schlaganfall führen.

Sie können einiges tun, um diesen Gefährdungen vorzubeugen. Sie sind in der Regel ein ungemein aktiver Mensch, der sich nur wohl fühlt, wenn er Anstöße geben, Dinge bewegen, Pläne verwirklichen, kurz gesagt, Initiative entfalten kann. Dabei gehen Sie häufig wenig haushälterisch mit Ihren Kräften um, treiben an Ihrer Gesundheit Raubbau, um Ihrem Aktivismus zu frönen. Muße und Entspannung sind für Sie Nebensache; es fällt Ihnen schwer, einmal ganz abzuschalten. Diese ständige Anspannung kann zu Verkrampfungen führen, die sich vielleicht in Form von Kopfschmerzen oder nervösen Störungen (Magenkrämpfe usw.) äußern, aber auch ernsthafte Erkrankungen wie Neuralgien oder Magengeschwüre zur Folge haben können. Wenn Sie alle Warnsignale außer Acht lassen und sich möglicherweise durch Nikotin und Koffein zu noch mehr Leistung aufputschen wollen, kann Ihnen ein Schlaganfall drohen, und nervös bedingte Nieren- und Blasenleiden mit schmerzhaften Koliken sind nicht selten. Häufig ernähren Sie sich falsch, nicht weil Sie ein haltloser Schlemmer sind, sondern ganz einfach, weil Sie einem wohlüberlegten »Magenfahrplan« zu wenig Beachtung schenken. In Ihrem dynamischen Optimismus denken Sie nicht daran, dass sich auf diese Weise viele kleine Unterlassungssünden summieren, bis Sie schließlich Ihren ganzen Organismus aus Unbedachtsamkeit in einen Zustand gebracht haben, in dem latente Gefährdungen zu tatsächlichen Gefahren für Leib und Leben werden.

Was Sie sich als Erstes anerziehen sollten, ist eine planvolle Steuerung Ihrer großen Energien, ein vernünftiges Haushalten mit Ihren Kräften. Dazu gehört unbedingt, dass Sie lernen müssen, Ihren physischen und geistigen Tätigkeitsdrang von Zeit zu Zeit zu bremsen und völlig abzuschalten. Das fällt Ihnen ungemein schwer, ist aber für Sie geradezu lebenswichtig, denn Sie laufen Gefahr, Ihren Bogen zu überspannen und gleichsam »leerzubrennen«. So kann es zu schweren körperlichen und nervlichen Zusammenbrüchen kommen. Zwar werden Sie vermutlich mit großer Willenskraft bemüht sein, sich wieder aufzurappeln und die Schädigung zu überwinden, aber viel besser ist es, wenn Sie es erst gar nicht so weit kommen lassen: Wenn Sie jetzt Vernunft annehmen und Ihre Kräfte besser einteilen, können Sie sich solche massiven Einbrüche ersparen. Stellen Sie also rechtzeitig Ihre Lebens- und Arbeitsgewohnheiten um. Nützen Sie dabei Ihre positiven Eigenschaften, die Sie bereits kennen gelernt haben. Setzen Sie Ihren Willen, Ihre erfolgsorientierte Zielstrebigkeit und Ihr Organisationstalent ein, um Ihr Leben – im Alltag ebenso wie am Arbeitsplatz – sinnvoll zu planen und zu gestalten.

Die ideale Partnerschaft – Liebe und Ehe

Manche Menschen verstehen sich auf Anhieb prächtig und kommen ausgezeichnet miteinander aus, während andere nur schwer zueinander Kontakt finden oder sich gar in offenen Streitigkeiten oder schwelenden Konflikten aneinander zerreiben. Wesensverwandtschaften und Wesensgegensätze spielen in zwischenmenschlichen Beziehungen eine entscheidende Rolle, und da das Wesen des Menschen maßgeblich durch kosmische Prägung mitbestimmt wird, sind Partnerschaftsvergleiche auf astrologischer Grundlage ungemein beliebt.

Nun sind freilich solche Vergleiche im konkreten Fall nur dann wirklich aussagekräftig, wenn die individuellen, präzise erstellten und ausgedeuteten Horoskope beider Partner als Grundlage dienen. Immerhin lassen sich aus den Sonnenzeichen zweier Menschen »Verträglichkeitswerte« ableiten, ist doch das Tierkreiszeichen, in dem zum Zeitpunkt der Geburt die Sonne gestanden hat, der wichtigste Prägefaktor des Individualhoroskops. Zwar kann man aus einem Wesensbild, das lediglich aus dem Sonnenzeichen abgeleitet wurde, keine genauen Aussagen für den Einzelfall gewinnen, aber solche Vergleiche sind dennoch sinnvoll, weil sie helfen können, zwischenmenschliche Beziehungen erfreulicher und reibungsloser zu gestalten: Wenn man die Stärken und Schwächen seiner Mitmenschen kennt, vermag man sich besser darauf einzustellen und manche Reibereien und Krisen zu vermeiden. Dazu gehört freilich auch, dass man zunächst einmal über sich selbst möglichst genau Bescheid weiß, sich seine Schwächen eingesteht und sich keiner Selbsttäuschung hingibt. Deshalb stellen wir den Partnerschaftsvergleichen nach Sonnenzeichen Ausführungen über Ihr eigenes Verhalten in zwischenmenschlichen Beziehungen voran.

Auf Grund der Charakteristiken der Sonnenzeichen hat man eine Vergleichstabelle der zwölf Tierkreiszeichen erstellt, auf der die Verträglichkeit nach einem von 1 bis 6 reichenden Punktesystem bewertet wird. Danach verträgt sich der Widder am besten mit Löwe und Schütze (je 6 Punkte), dann mit Zwilling und Wassermann (je 5 Punkte) und mit Widder und Waage (je 4 Punkte). Nicht so gut klappt es mit Jungfrau und Skorpion (je 3 Punkte) sowie mit Stier und Steinbock (je 2 Punkte), während Krebs und Fische mit nur einem Punkt am unteren Ende der Verträglichkeitstabelle stehen. Diese Bewertung gilt freilich nur für die grundlegenden Wesenszüge; im konkreten Einzelfall kann ein Widder durchaus mit einem Krebs auskommen, nur müssen in diesem Fall beide Partner mehr als bei den anderen Verbindungen etwas dafür tun, um die Beziehung trotz erheblicher Wesensunterschiede harmonisch zu gestalten, während in der Partnerschaft mit einem Schützen diese Harmonie von vornherein weitgehend gegeben ist.

Ihr Partnerschaftsverhalten

Glauben Sie bloß nicht, dass Sie selbst für jedermann ein angenehmer und erfreulicher Partner sind, auch wenn Sie felsenfest davon überzeugt sind, fast nur positive Eigenschaften zu haben. Gewiss, Sie sind in der Regel von einem erfrischenden Optimismus, sind dynamisch und fleißig, aber andererseits sind Sie auch ungemein ehrgeizig, eigenwillig und selbstbewusst. Das bedeutet, dass es Ihnen schwer fällt, sich unterzuordnen, sich bevormunden oder lenken zu lassen: Sie wollen die Richtung bestimmen, wollen die Führungsrolle übernehmen. Ein Tipp für Ihren Partner: Zwar lassen Sie sich nur ungern führen, aber Sie sind ungemein begeisterungsfähig, und wer es versteht, diesen Nerv bei Ihnen zu treffen, der kann sehr wohl Ihren Tatendrang in eine gewünschte Richtung leiten.

Sie sind offen und ehrlich und steuern Ihre Ziele auf direktem Weg an. Diese Direktheit bedeutet aber auch, dass Sie nicht sonderlich diplomatisch sind, immer wieder in Fettnäpfchen treten, unbedacht sich und anderen schaden und Mitmenschen verletzen. Mangelnde Anpassungsfähigkeit macht es Ihnen schwer, sich in andere einzufühlen, auf sie einzugehen. In dieser Hinsicht sollten Sie an sich arbeiten, um offener für Ihr Mitmenschen zu werden und ihnen mehr Verständnis entgegenzubringen. Zwar sind Sie vorwiegend verstandesorientiert, doch fehlt es Ihnen auch nicht an Gefühlen; freilich neigen Sie dazu, mit Gefühlsäußerungen sehr zurückhaltend zu sein. Wenn Sie Ihre Gefühle allzusehr unterdrücken, kann es zu Verklemmungen und Gefühlsstauungen kommen, die sich dann explosiv entladen. Zartbesaitete Partner können unter solchen jähen Ausbrüchen sehr leiden.

In einer zwischenmenschlichen Beziehung suchen Sie weniger Geborgenheit und Stabilität als vielmehr vielfache Anregungen und Impulse; allzu viel Sicherheit empfinden Sie als einengend, eingefahrene Routine als langweilig und lähmend. Das bedeutet in einer Lebensgemeinschaft freilich nicht, dass Sie von vornherein zur Untreue neigen: Wenn Ihr Partner es versteht, Ihnen in der Zweierbeziehung die für Sie notwendige Abwechslung zu geben, kann sie von langer Dauer sein.

Wer mit Ihnen zusammenleben möchte, sollte ein einigermaßen stabiles Nervenkostüm haben, denn Sie können in verschiedener Hinsicht ein recht anstrengender Partner sein. Sie wollen auf allen Gebieten die erste Geige spielen oder zumindest glauben, dass Sie dies tun. Wer sich Ihnen gegenüber überlegen oder rechthaberisch gibt, hat wenig Aussicht, lange in Ihrer Nähe zu sein. Gar keine Chance hat, wer Ihnen seine Meinung aufzuzwingen oder Sie offen zu gängeln versucht. Am besten sagt Ihnen ein Partner zu, der Ihnen das Gefühl gibt, der (die) Beste und Größte zu sein, und der gleichzeitig imstande ist, Ihnen immer wieder neue Impulse zu geben.

Das gilt auch für das Liebesleben: Ihr Partner sollte Ihnen die Führung überlassen, ohne freilich andererseits in eine Passivität zu verfallen, die Sie langweilen und lähmen würde. Wenn ihm dies gelingt, werden Sie ihn nicht enttäuschen, denn Intensität und impulsive Dynamik kennzeichnen all Ihr Tun und damit auch Ihr Liebesleben.

Widder mit Widder

Das könnte bei allzu vielen Übereinstimmungen eine sehr explosive Verbindung sein, aber gottlob ist Widder nicht gleich Widder, weil das Sonnenzeichen nur eines von vielen kosmischen Prägeelementen ist. In der Praxis kann es durchaus sein, dass zwei Widder, die sich zusammentun, so verschieden sind, dass sie sich glücklich ergänzen und allzu störende Reibereien ausbleiben. In diesem Fall werden sie mit vereinten Kräften ihre meist ehrgeizigen Ziele verfolgen und können es weit bringen. Sie werden kaum Geheimnisse voreinander haben, da sie beide offen und direkt sind. Sehr gefühlsbetont wird die Verbindung selten sein, da beide in erster Linie Verstandesmenschen sind und tiefe Gefühle nur ungern offenbaren. Schwierigkeiten kann es geben, wenn beide die erste Geige spielen wollen und keiner zum Nachgeben bereit ist; dann kommt es zu einem erbitterten Tauziehen um Vorherrschaft oder Machtergreifung, das, energiegeladen und wortreich ausgetragen, mit einem großen Knall enden kann. Es kann aber auch sein, dass beide in diesem Ringen eine Begleiterscheinung sehen, durch die die Beziehung spannungsreicher und farbiger wird, denn der Kampf wird ja nicht bösartig, sondern ganz offen geführt, wohl manchmal mit List, aber nicht mit Tücke. Eines ist jedenfalls sicher: langweilig wird eine Partnerschaft zwischen zwei Widdern niemals sein, und wenn beide ein wenig zurückstecken und Verständnisbereitschaft zeigen, wird sie auch von Dauer sein.

Widder mit Stier

Kraftgeladen sind sie beide, aber die Energie des Widders ist eher dynamisch, die des Stiers eher statisch: Der verstandesorientierte Widder will erobern, liebt Beweglichkeit und Freiheit über alles; der gefühlsbetonte Stier will haben, Besitzstände sichern und Stabilität wahren. Der rasch zupackende Widder ist direkt und offen der verhaltene Stier eher vorsichtig, wenngleich ebenfalls nicht unbedingt diplomatisch. Dennoch können beide in einer auf gemeinsamen Interessen beruhende Beziehung einander recht gut ergänzen: Der Widder sorgt für belebende Impulse und zielstrebiges Handeln, während der Stier darauf achtet, dass die Zielsetzungen realistisch bleiben und alle Unternehmungen mit der notwendigen Umsicht und Absicherung in Angriff genommen werden. Auf diese Weise können beide ein erfolgreiches Team bilden, wenn es um die Erreichung materieller Ziele geht. Problematischer ist eine enge Zweierbeziehung. Hier können der Konservativismus und der besitzergreifende Ausschließlichkeitsanspruch des Stiers dem beweglichen, freiheitsliebenden Widder zu schaffen machen, während die impulsive Offenheit und der rastlose Tatendrang des Widders den Stier stören. Die sich daraus ergebenden Reibereien können zu heftigen Explosionen beider Partner führen. Wenn beide jedoch verstehen, sich auf die Eigenart des anderen einzustellen, und erkennen, welche Vorteile ihnen die Beziehung bringt, kann es zu einer harmonischen, dauerhaften Verbindung kommen, in der der Widder für Belebung und Abwechslung sorgt, während der Stier einen soliden und gepflegten Rahmen sichert und Erworbenes sorgsam bewahrt und mehrt.

Widder mit Zwilling

Dynamisch und wendig sind beide, und so kommt in einer Verbindung zwischen Vertretern dieser beiden Tierkreiszeichen eines bestimmt nicht auf: Langeweile. Beruflich bilden sie ein quicklebendiges, erfolgreiches Team: Der Zwilling liefert mit seinem Ideenreichtum Anstöße im Überfluss, und der tatkräftige Widder sorgt mit seinem Sinn fürs Praktische für die Verwirklichung der Pläne. Da beide vorwiegend verstandesorientiert sind, verstehen sie sich meist auf Anhieb hervorragend. In einer solchen Verbindung schafft der Führungsanspruch des Widders in der Regel kaum Probleme: Der Zwilling überlässt ihm das Sagen im praktischen Tun, steuert ihn aber diskret durch seine gedanklichen Impulse, so dass letztlich beide das Gefühl haben, das Heft in der Hand zu halten. Für Gefühlsduselei haben beide nur wenig übrig; meist ist ihre Verbindung von spannungsgeladener Lebendigkeit, wobei die erotische Komponente eine große Rolle spielt. Der Optimismus des Widders findet seine Entsprechung in der unterhaltsamen Heiterkeit des Zwillings; beide lieben die anregende Abwechslung, sei es durch Ausgehen oder auf Reisen. Was den Widder-Partner stören könnte, ist eine gewisse Unzuverlässigkeit des Zwillings. Dem Zwilling seinerseits passt manchmal der rastlose Aktivismus des Widders nicht. Angesichts der zahlreichen Wesensverwandtschaften können sie freilich füreinander viel Verständnis aufbringen, auch wenn es manchmal zu funkensprühenden Reibereien kommt.

Widder mit Krebs

Der gefühlsbetonte Krebs sucht Sicherheit und Beständigkeit, will Wurzeln schlagen und Besitz ergreifen. Damit bildet er den denkbar größten Gegensatz zum verstandesorientierten, dynamischen, freiheitsliebenden Widder. Für beide ist es nicht leicht, sich auf die so ganz andere Wesensart des Partners einzustellen. Vielleicht läßt sich der verhaltene, konservative Krebs zunächst vom optimistischen Schwung des Widders mitreißen, während die tiefe Gefühlswelt des Krebses auf den Widder eine gewisse Faszination ausübt. Solange eine solche Beziehung verhältnismäßig lose bleibt, kann sie durch eben diese Wesensunterschiede zusammengehalten werden. In einer engen Verbindung jedoch bieten die Gegensätze eine Vielzahl von Reibungsflächen. Der auf die Harmonie der Gefühle bedachte Krebs braucht viele seelischen »Streicheleinheiten«, wofür der extravertierte Widder nur wenig Verständnis hat. Der Krebs wiederum wird nur allzuoft durch die geradlinige Offenheit des Widders verletzt, fühlt sich angesichts seines nach außen gerichteten Tatendrangs vernachlässigt und neigt dann dazu, sich schmollend in seine Schale zurückzuziehen. Wenn es erst einmal so weit gekommen ist, haben beide es schwer, wieder zu einem gemeinsamen Nenner zurückzufinden. Sie sollten deshalb von vornherein sich der Andersartigkeit des Partners bewusst sein, dafür Verständnis aufbringen und prüfen, ob sie willens und fähig sind, sich innerlich und in ihrem Verhalten darauf einzustellen.

Widder mit Löwe

Beide sind dynamisch, aktiv, selbstbewusst, ehrgeizig und erfolgsorientiert. Beide wollen ihre Umwelt prägen und eine Führungsrolle spielen. Wenn sie gemeinsam Aufgaben übernehmen, bilden sie meist ein erfolgreiches Gespann: Der Löwe steckt schwungvoll die Ziele ab, und der Widder findet mit seiner praktischen Wirklichkeitsbezogenheit die kürzesten Wege dorthin. Freilich können dabei allzu unbeschwerter Optimismus und unbedachte Impulsivität gelegentlich zu Fehlschlägen führen, durch die sich aber beide nur wenig beeindrucken lassen. Rangstreitigkeiten sind selten, da es bei den Interessen und Zielsetzungen sehr viele Gemeinsamkeiten gibt und der Löwe sich nicht zurückgesetzt fühlt, wenn die Initialzündung vom Widder ausgeht. Der stärker gefühlsbetonte Löwe braucht viel Beifall und Ermunterung und will das Gefühl haben, im Mittelpunkt zu stehen; regelmäßige »Streicheleinheiten« und gelegentliche aus dem Rahmen fallende Geschenke tun ihm gut. Seiner manchmal übertriebenen Großzügigkeit und Selbstherrlichkeit sollte man allerdings Grenzen setzen. Um ihr Selbstwertgefühl zu heben, neigen etliche Löwen dazu, sich lautstark bemerkbar zu machen, womit sie freilich einen echten Widder nur wenig beeindrucken. Auseinandersetzungen können heftig sein, sind aber in der Regel rasch vorbei, ohne dass Groll zurückbleibt. Erotische Bindungen sind meist stark und voller Dynamik. Häufig sind solche Partnerschaften sehr erfolgreich und dauerhaft.

Widder mit Jungfrau

Beide sind in ihrer Wesensart recht unterschiedlich, und so kann es längere Zeit dauern, bis ein engerer Kontakt entsteht. Dem impulsiv drängenden, verstandesorientierten Widder erscheint die abwägende, vorsichtig zurückhaltende Jungfrau oft zu kühl, ja abweisend. Sie ist zwar gefühlsbestimmt, aber mit Gefühlsäußerungen recht sparsam, kann sehr zärtlich sein, gibt sich aber verhalten. Der Widder empfindet die Zurückhaltung der Jungfrau als Kälte, ihre Vorsicht als Verweigerung. Ihr ist andererseits der optimistische Tatendrang des Widders nicht recht geheuer; durch seine schwungvolle Dynamik fühlt sie sich bedrängt. Wegen dieser Wesensunterschiede sind enge Widder-Jungfrau-Zweierbeziehungen nicht allzu häufig. Wenn jedoch gemeinsame Gewohnheiten und Interessen gegeben sind, können sie sehr harmonisch und dauerhaft sein. Voraussetzung ist freilich, dass beide sich intensiv bemühen, auf die Eigenart des anderen einzugehen, für sein Anderssein Verständnis aufzubringen. Da beide im Grunde ihres Herzens idealistisch und hilfsbereit sind, können sie sich mancherlei Aufgaben und Ziele setzen, die die Partnerschaft intensivieren und verfestigen. Erotisch können sich der leidenschaftliche Widder und die zärtliche Jungfrau recht gut ergänzen. Meist fällt es dem Widder zu, den Partner zu aktivieren, sei es für Reisen, Sport oder eine gute Sache, eine soziale Aufgabe, für welche die Jungfrau immer zu haben ist, denn sie ist mitfühlend und hilfsbereit.

Widder mit Waage

Beide Zeichen stehen sich im Tierkreis genau gegenüber, und ebenso gegensätzlich ist auch ihre Prägekraft. Aber Gegensätze ziehen sich bekanntlich an, und so sind Partnerschaften zwischen dem aktiven, oft auch aggressiven Widder und der auf Harmonie und Ausgleich bedachten, eher »kühlen« Waage keineswegs selten. Die Waage kann sehr charmant, amüsant und interessant sein, Eigenschaften, die den eroberungsfreudigen, anregungshungrigen Widder anziehen, während sich die Waage gern von der optimistischen Dynamik des Widders mitreißen läßt. Das vorsichtige Planen der Waage bewahrt den Widder vor überstürztem Handeln, und andererseits sorgen die von ihm ausgehenden belebenden Impulse bei der verhaltenen Waage für Antrieb und Auftrieb, so dass die Verbindung für beide von Nutzen ist. In einer engen Beziehung kann aus der starken erotischen Spannung zwischen beiden eine tiefe Bindung werden, die freilich durch den Freiheitsdrang des Widders und die Stimmungsschwankungen der Waage gefährdet ist. Im Gegensatz zum Widder kann die Waage bei starker nervlicher Belastung völlig aus der Fassung geraten und muss dann mit Samthandschuhen angefasst werden. Der Widder ist zwar nicht sonderlich einfühlsam, aber hilfsbereit und gutmütig und sollte deshalb mit solchen Situationen fertig werden. Immerhin ist die Waage friedliebend, so dass sich auftretende Differenzen meist ziemlich rasch und ohne nachhaltige Belastung des Verhältnisses beilegen lassen.

Widder mit Skorpion

Beide sind energisch, tatendurstig und ehrgeizig, beide streben nach Erfolg. Aber während der Widder ein selbstsicherer Optimist ist, plagen den Skorpion Ängste und Zweifel, und während der Widder seine meist hochgesteckten Ziele mit viel Realitätssinn auf direktem Weg ansteuert, tut sich der Skorpion bei der Verwirklichung seiner Vorhaben sehr viel schwerer. Immerhin ist er dem Widder an Ausdauer und Zähigkeit überlegen, und so können beide ein erfolgreiches Team bilden, in dem der Widder die Anstöße und praktischen Tipps gibt, während der Skorpion für die notwendige Beharrlichkeit bei der Verfolgung der Ziele sorgt. Mehr Probleme treten in einer engeren Verbindung zwischen dem direkten und offenen Widder und dem eher verschlossenen, in sich gekehrten Skorpion auf, der in seiner stärkeren Ichbezogenheit häufig den Versuch macht, den freiheitsliebenden Partner an die Kette zu legen, um ihn ganz auf sich zu fixieren. Eifersuchtsszenen aus dem kleinsten Anlass sind nicht selten. Hier sollte der Widder die Nerven behalten und mit Klugheit und Fingerspitzengefühl drohende Konflikte rechtzeitig entschärfen. Das ist für ihn zwar nicht ganz einfach, lohnt aber die Mühe, wird ihn noch sein Skorpion belohnen. Einfach ist die Verbindung zwischen Widder und Skorpion wegen der zahlreichen Wesensgegensätze zwar nicht, aber wenn jeder sich redlich um den anderen bemüht, kann sie von Dauer und für beide beglückend sein.

Widder mit Schütze

Eine solche Verbindung wird dadurch begünstigt, dass hier ganz eindeutig die Wesensverwandschaften überwiegen: Beide Partner sind gleichermaßen tatenfreudig, schwungvoll und begeisterungsfähig, beide sagen offen die Meinung, haben viele gemeinsamen Interessen und können sich ausgezeichnet verstehen. Aber so gut sie menschlich zusammenpassen, sind sie doch als Arbeitsteam nicht unbedingt Idealpartner: Beiden fehlt die Ausdauer bei der Verfolgung von Zielen, und auch bei der Wahrung materieller Interessen haben sie nicht immer genügend Durchsetzungskraft. Hingegen wird eine enge zwischenmenschliche Bindung durch die starke erotische Anziehung gefestigt, trifft hier doch die Leidenschaftlichkeit des Widders auf die warme Gefühlsstärke des Schützen, und zudem sorgen der beidseitige Tatendrang und Einfallsreichtum dafür, dass eine solche Verbindung nie langweilig wird. Da der Schütze weniger wirklichkeitsbezogen und noch risikofreudiger ist als der Widder, kommt es diesem zu, darauf zu achten, dass sich sein Schütze in keine unbesonnenen Abenteuer stürzt oder in Irrwege verrennt. Freilich muss er sich darauf einstellen, dass der Schütze neben seinem Partner stets auch noch viele andere Kontakte braucht, die ihm Anregung geben. Trotz vieler Übereinstimmungen kann eine Widder-Schütze-Beziehung immer wieder Überraschungen bringen. Wenn es zu Spannungen oder Reibereien kommt, zeigt der Schütz-Partner in der Regel stabilere Nerven als der Widder-Partner.

Widder mit Steinbock

Wenn Sie als Widder materiell vorankommen wollen, ist der Steinbock ein hervorragender Partner für Sie, mit dem Sie sich in vieler Hinsicht zum gegenseitigen Nutzen ergänzen. Fleißig und erfolgsorientiert sind beide, doch der Steinbock besitzt die Ausdauer und bedächtige Zähigkeit, die dem Widder oft fehlen. Bei gemeinsamem Tun kann der Steinbock wohlbedacht Ziele abstecken, während der Widder mit seinem optimistischen Schwung dafür sorgt, dass sie erreicht werden. Wenn auch der Widder danach drängt, die Führungsrolle zu übernehmen, erkennt er doch die verlässliche Stabilität des Partners an, die beiden zum Vorteil gereicht, und so setzt sich bald eine Gleichberechtigung mit sinnvoller Verteilung der Rollen durch. Zu einer engeren Zweierbeziehung kommt es in der Regel erst nach einiger Anlaufzeit, weil die introvertierte Verschlossenheit des Steinbocks vom Widder als Abweisung empfunden wird, seine nüchterne Sachlichkeit und schwerblütige Verhaltenheit ihn zunächst wenig ansprechen. Wenn es zwischen beiden aber erst einmal »gefunkt« hat, wird häufig der Steinbock aktiv, setzt sich seine größere Willenskraft durch: Er beginnt, das gemeinsame Leben zielstrebig zu planen und die Gefühlsbeziehungen so zu organisieren, dass sie zum stabilen Band werden. Freilich muss sich der Steinbock davor hüten, den Widder ganz an die Kandare zu nehmen, und der Widder muss seinerseits auf das Stabilitätsbedürfnis des Steinbocks Rücksicht nehmen und deshalb seine Abenteuerlust zähmen.

Widder mit Wassermann

In einer losen Verbindung können Vertreter der beiden Sonnenzeichen trotz mancher Wesensunterschiede rasch zueinander finden: Den Widder faszinieren die originellen Ideen, der Charme und die Großzügigkeit des Wassermanns, während dieser sich von der optimistischen Dynamik des Widders angezogen fühlt. Verstandesorientiert, aber auch begeisterungsfähig sind sie beide. In einer engen Partnerschaft werfen die Gegensätzlichkeiten freilich bald etliche Probleme auf: Den wirklichkeitsbezogenen Widder stören die oft utopischen Höhenflüge des Partners, und dieser fühlt sich durch die nüchtern-praktische Sachlichkeit des Widders eingeschränkt. Zwar sind beide extravertiert, aber das Interesse des Wassermanns gilt in erster Linie der Gemeinschaft seiner Umwelt, so dass sich der Partner nicht selten vernachlässigt vorkommt. Das kann zu heftigen Auseinandersetzungen führen, an denen die Partnerschaft allerdings nicht zerbrechen muss, denn ein reinigendes Gewitter können beide verkraften. Freilich darf keiner das Gefühl haben, dass der andere ihn mit Gewalt an sich fesseln will: Wenn die Verbindung dieser freiheitsliebenden Individualisten nicht mehr auf eigenem Entschluss beruht, sondern nur durch Zwänge aufrechterhalten wird, beginnt es zu kriseln. Deshalb sind Widder-Wassermann-Beziehungen ohne Trauschein oft dauerhafter als amtlich »abgesegnete« Ehen. Wenn jedoch beide Seite Geduld und Verständnis aufbringen, ist die Partnerschaft für beide von Vorteil.

Widder mit Fische

In ihren Einstellungen und Verhaltensweisen sind Widder und Fische meist grundverschieden. Der Widder lebt gleichsam nach außen, fühlt sich wohl in der Welt der Realitäten und der Taten, ist aktiv, energiegeladen und selbstbewusst optimistisch. Der Fisch hingegen lebt nach innen, schwelgt gern in der Welt der Gefühle und Träume, ist weniger wirklichkeitsbezogen und eher passiv; nicht selten mangelt es ihm an Selbstvertrauen. So erscheinen auf den ersten Blick die Voraussetzungen für eine glückliche Partnerschaft nicht allzu günstig zu sein. Aber der Schein kann trügen, denn in einer engen Zweierbeziehung ist der opferbereite Fisch imstande, sich dem Partner anzupassen, und auch dem dynamischen Widder ist oft eine ausgeprägte Hilfsbereitschaft angeboren, die er vermeintlich Schwächeren zugute kommen lässt. Zudem kann die gegensätzliche Wesensart eine starke Anziehungskraft ausüben; erotisch kann es zu einer intensiven Bindung kommen, in die der Widder dynamische Leidenschaft, der Fisch tiefes Gefühl einbringt. Dass der Widder in den konkreten Alltagsdingen die von ihm sowieso erstrebte Führungsrolle übernimmt, kommt der Stabilität der Verbindung zugute; der Fische-Partner gewinnt dadurch mehr Sicherheit, lernt, sich besser auf die Wirklichkeit einzustellen, ohne sich deshalb willenlos gängeln zu lassen. Die Gefühlstiefe des Fisches bringt dem Widder eine Erweiterung seiner Erfahrungswelt, vermittelt ihm auf emotionaler Ebene Anstöße, die er aus sich selbst heraus nicht gewinnen kann. Wenn beide trotz ihrer Widersprüchlichkeit zueinandergefunden und sich aufeinander eingestimmt haben, kann die Partnerschaft beglückend und dauerhaft sein.

Die Astrologen. Titelbild von 1596

Der Einfluss des Aszendenten

Der Aszendent, d. h. das Tierkreiszeichen, das im Augenblick der Geburt am östlichen Horizont steht, ist wegen seiner starken Prägekraft ungemein wichtig; zusammen mit dem Sonnenzeichen liefert er die bedeutsamsten Aussagen, die sich aus einem Geburtshoroskop ableiten lassen. Ohne Berücksichtigung des Aszendenten sind individuelle Deutungen nur unvollkommen.

Um Ihren persönlichen Aszendenten ermitteln zu können, müssen Sie natürlich wissen, zu welcher Zeit Sie geboren sind, weil im Laufe eines Tages alle zwölf Tierkreiszeichen am Osthorizont aufgehen. In dem Kapitel »Mein persönlicher Aszendent« können Sie nachlesen, wie Sie Ihre Geburtszeit in Ortszeit umrechnen. Dann brauchen Sie nur noch auf der Grafik Ihres persönlichen Geburtsdatums bei der ermittelten Zeit Ihren Aszendenten abzulesen.

Der Aszendent ist die Grundlage von Aussagen, die individueller sind als die nur aus dem Sonnenstand abgeleiteten, denn während das Sonnenzeichen Widder allen Menschen gemeinsam ist, die zwischen Ende März und Ende April geboren sind, wird er Aszendent durch den Zeitpunkt und den Ort der Geburt jedes einzelnen bestimmt. Seine volle Bedeutung gewinnt er freilich erst bei gradgenauer Festlegung als Richtpunkt jenes Häusersystems, das als »Feinraster« für alle Gestirnstände und Konstellationen des Geburtshoroskops ganz persönliche Deutungsmöglichkeiten bietet. Die hierfür erforderlichen Berechnungen und die daraus abzuleitenden Aussagen müssen wir allerdings dem Fachastrologen überlassen.

Der Aszendent beeinflußt die Prägung durch das Sonnenzeichen mehr oder weniger stark, kann bestimmte Tendenzen verstärken oder abschwächen. Inwieweit dies bei Ihnen der Fall ist, können Sie in diesem Kapitel nachlesen.

Aszendent Widder

Wenn sich Sonne und Aszendent zum Zeitpunkt der Geburt im gleichen Tierkreiszeichen befinden, wird dessen Prägekraft im Positiven wie im Negativen verstärkt. Sie sind von einem für Ihre Umwelt manchmal schier beängstigenden Tatendrang erfüllt, dem Ihr wacher Geist hochgesteckte Ziele setzt. Allerdings besteht die Gefahr, dass Sie in einen ungezügelten Aktivismus verfallen, zum ausgesprochenen »Macher« werden, dem es wichtiger ist, Dinge in Bewegung zu bringen und seine großen Energien auszuleben, als planvoll zu gestalten und zu vollenden. Ihr ausgeprägtes Selbstbewusstsein, das mit großem Ehrgeiz gepaart ist, kann sich zu anmaßendem Starrsinn übersteigern. Dass Sie Ziele geradlinig ansteuern, ist gewiss kein Schaden, aber wenn Sie dabei immer wieder mit dem Kopf durch die Wand wollen, kann es sein, dass die Wand sich als dicker erweist als Ihr Kopf. Freilich lassen Sie sich durch Fehlschläge kaum entmutigen, sondern nehmen kurzentschlossen Kurskorrekturen vor oder fangen etwas Neues an.

Sie sind entschlossen und furchtlos, sollten aber darauf achten, dass dies nicht in tollkühnes Draufgängertum ausartet. Zwar sind Sie ein Verstandesmensch, aber das heißt nicht, dass Sie immer die Vernunft walten lassen. Dank Ihrer Begeisterungsfähigkeit laufen Sie Gefahr, sich von Impulsen mitreißen zu lassen, die aus Ihnen selbst oder von anderen kommen. In solchen Fällen können Gefühle bei Ihnen eine größere Rolle spielen als gewöhnlich. Ihre geradlinige Offenheit ist manchmal verletzend und ungerecht; obwohl grundsätzlich hilfsbereit, können Sie sich nur schwer in andere Menschen einfühlen, so dass Sie vielen als egozentrisch, ja selbstsüchtig und rücksichtslos gelten. Als »doppelter Widder« sind Sie in einer engen zwischenmenschlichen Beziehung oft ein schwieriger Partner, und wenn sich der andere nicht auf Sie einzustellen vermag, sind häufige Auseinandersetzungen wahrscheinlich. Jedenfalls aber ist es für Sie wichtig, dass Sie Ihre überschießenden Energien und Ihre starke Impulsivität in den Griff bekommen, mit Ihrem wachen Verstand Ihr Tun sinnvoll steuern, sorgfältiger planen und mehr Rücksicht auf Ihre Mitmenschen nehmen, die nicht so harte Ellenbogen haben wie Sie.

Aszendent Stier

Der Einfluss dieses Tierkreiszeichens verleiht Ihnen mehr Stabilität und Besonnenheit, Eigenschaften, die Ihnen sehr zugute kommen. Zu Ihrer Dynamik treten Ausdauer und Zähigkeit, so dass es wahrscheinlich wird, dass Sie die Ziele, die Sie sich gesteckt haben, auch bei auftretenden Schwierigkeiten erreichen. Während der reine Widder-Typ zwar erfolgsorientiert, aber nicht sonderlich geschäftstüchtig ist, kommt bei Ihnen ein auf materielle Absicherung bedachter Realitätssinn hinzu, der Ihnen neben Anerkennung und Ansehen in der Regel auch eine tragfähige finanzielle Basis sichert.

Sie sind selbstbewusst und eigenwillig, aber es besteht die Gefahr, dass diese Eigenschaften zu Selbstgefälligkeit und Sturheit entarten. Beharren Sie nicht fanatisch auf Ihren Standpunkten, sondern lassen Sie auch die Ansichten anderer gelten. Ihr kritischer Verstand müsste Sie eigentlich zu solcher Objektivität befähigen, auch wenn es Ihnen grundsätzlich schwer fällt, eigene Irrtümer einzugestehen. Ihre Leidenschaftlichkeit ist mit einer stärkeren Sensibilität gepaart, und so können bei den Reaktionen, mit denen Sie Ihrer Umwelt begegnen, Gefühle eine stärkere Rolle spielen. Nach außen hin wirken Sie verhaltener und verbindlicher als der »reine« Widder-Typ, sind stärker an den angenehmen Seiten des Lebens interessiert. Für Erfolg im beruflichen und privaten Leben sind gute Voraussetzungen gegeben: Dynamik paart sich mit Überlegung, Tatkraft mit Ausdauer, Verstand mit Gefühl, Optimismus mit Realismus. Sie werden wahrscheinlich viele der Ziele erreichen können, die Sie sich gesteckt haben.

Aszendent Zwillinge

Sie sind wendig, vielseitig interessiert und impulsiv, und so besteht die Gefahr, dass Sie sich verzetteln, weil Sie zu vieles gleichzeitig in Angriff nehmen. Auch sind Sie bei der Verfolgung Ihrer Ziele nicht sonderlich hartnäckig, denn bei Ihrer rastlosen Aktivität fehlt es Ihnen an Ausdauer und Zähigkeit. Zwar lassen Sie sich durch Fehlschläge nicht entmutigen, aber wenn Sie auf Hindernisse stoßen, sind Ihre Reaktionen trotz Ihrer Verstandesorientiertheit manchmal recht sprunghaft und nicht immer klug. Obwohl zurückhaltend in Gefühlsäußerungen, sind Sie sehr kontaktfreudig, suchen vielfältige Anregungen und Anstöße. Da Sie redegewandt und auch diplomatisch sind, kommen Sie mit Ihren Mitmenschen meist gut zurecht. Hüten Sie sich aber davor, dass aus Kontaktfreude aufdringliche Neugier, aus Beredsamkeit Geschwätzigkeit und aus Vielseitigkeit Zerrissenheit wird. Trotz großem Energiepotenzial sind Sie keine ausgesprochene Kämpfernatur. Wohl geben Sie bei Widerständen und Anfeindungen nicht einfach klein bei, sondern versuchen, mit wachem Geist und diplomatischem Taktieren wieder die Oberhand zu gewinnen. Nach außen tragen

Sie in der Regel gelassene Selbstsicherheit zur Schau, doch hinter dieser Fassade kann sich eine nervöse Labilität verbergen. Zügeln Sie Ihre Sprunghaftigkeit, konzentrieren Sie sich auf einige wenige Ziele und Menschen.

Sie brauchen Ihren persönlichen Freiraum, lehnen Bevormundung und Einengung ab. Denken Sie jedoch daran, dass Sie nicht in einem luftleeren Raum leben, sondern in ein soziales Gefüge eingebunden sind, in dem jeder Rücksicht auf den anderen nehmen sollte.

Aszendent Krebs

Sie sind dynamisch, energiegeladen und tatendurstig, doch nach außen wirken Sie eher verhalten und unterkühlt. Ihr starker Wille wird durch vorsichtige Überlegung gezügelt, was Sie freilich nicht immer vor unbedachten Impulshandlungen bewahrt. Sie lassen sich nicht ausschließlich vom Verstand leiten, sondern auch von Ihrem oft intuitiven Gespür, das manchmal wie ein sensibles »Frühwarnsystem« funktioniert und Sie vor manchen Enttäuschungen bewahrt. Das ist wichtig für Sie, weil Sie nicht so leicht darüber hinwegkommen. Zwar lassen Sie sich dadurch nicht auf Dauer entmutigen, brauchen aber einige Zeit, bis Sie sie überwunden haben.

Sie sind begeisterungsfähig; wer die richtige Ader bei Ihnen trifft, kann Sie beeinflussen und auf Irrwege locken. Auf diese können Sie auch durch Ihre Hilfsbereitschaft und Ihren Beschützerinstinkt geraten, denn bei Ihnen besteht die Gefahr, dass Sie sich ausnützen lassen. Wenn Sie allerdings merken, dass andere mit Ihnen Schindluder treiben, können Sie in Ihrem Zorn hart zurückschlagen.

Ihr Ehrgeiz braucht Anerkennung und Lob, wenn er auf Dauer nicht versiegen soll; Sie wollen nach außen wirken und nicht lediglich aufgetragene Pflichten im verborgenen erfüllen. Sie legen Wert darauf, dass andere sehen und würdigen, was Sie leisten. Zwar muss Ihnen Ihr Tun nicht unbedingt materiellen Gewinn bringen, aber Sie brauchen außer dem Gefühl der

Selbstbestätigung auch den Beifall von außen. Das gilt übrigens auch für den zwischenmenschlichen Bereich: Sie setzen sich gern und hingebungsvoll für Ihren Partner ein, sind auf sein Wohl bedacht, erwarten aber dafür insgeheim Lob und Dank.

Aszendent Löwe

Sie sind energisch und selbstbewusst, ideenreich und kreativ, fleißig und zielstrebig, fordern eine Führungsrolle und Anerkennung durch Ihre Mitwelt, bringen gern Dinge in Bewegung und möchten stets im Mittelpunkt stehen. Sie stellen Ihr Licht nicht unter den Scheffel, scheuen keine Auseinandersetzungen und schrecken vor Widerständen und Hindernissen nicht zurück. Sie fühlen sich für Erfolg vorprogrammiert. Ihr Selbstgefühl ist außerordentlich stark. Sie neigen zu Überheblichkeit und Eigennützigkeit, können bei der Verfolgung Ihrer Ziele recht rücksichtslos sein, und Ihr manchmal herrisches Auftreten macht Sie nicht überall beliebt. Wenn Sie Ihre Fähigkeiten und Kräfte in Ihrem schier grenzenlosen Optimismus überschätzen, werden Sie immer mal wieder auf die Nase fallen. Das wird Sie zwar nicht allzu sehr aus Ihren Geleisen werfen, aber solche Pannen sind vermeidbar.

Ihre Leidenschaftlichkeit ist mit einer gewissen Triebhaftigkeit gepaart. Das kann Gefahren bringen, weil es Ihnen manchmal schwerfällt, sich zu zügeln, Ihre Energien wohlüberlegt zu kanalisieren. Das gilt nicht nur auf erotischem Gebiet, auf dem Sie Ihrem Partner viel geben, ihn aber auch durch Ihre Ichbezogenheit und Selbstherrlichkeit verletzen können. In materiellen Dingen haben Sie nicht unbedingt eine glückliche Hand; Sie sind nicht sonderlich geschäftstüchtig und können Geld besser ausgeben als verdienen. Da Sie nicht knausrig und recht umgänglich sind, haben Sie meist einen großen Bekanntenkreis, aber oft nur wenige wirklich gute Freunde; manche Enttäuschung werden Sie dadurch erleben, dass man Ihre Großmütigkeit auszunützen versucht.

Aszendent Jungfrau

Ihre Tatkraft wird durch klares, kritisches Denken gesteuert, so dass die Gefahr unbedachter Impulshandlungen bei Ihnen verhältnismäßig gering ist. Sie streben allen Zielen auf dem kürzesten Weg zu und haben dafür mit Ihrem Realitätssinn eine praktische Methodik entwickelt, die schon fast eine Erfolgsgarantie ist: Was Sie machen, hat Hand und Fuß. Wenn Sie etwas in Angriff nehmen, wollen Sie freie Hand haben, Verantwortung übernehmen und Weg und Ziel bestimmen. Zum unterwürfigen Befehlsempfänger und Jasager sind Sie nicht geboren: Sie sind sich des eigenen Wertes und der eigenen Fähigkeiten bewusst, haben eigene Vorstellungen und Standpunkte und können mit kreativem Einfallsreichtum viel zum Gelingen eines Vorhabens beitragen. Zwar sind Sie, weil ziemlich eigenwillig, nicht unbedingt anpassungsfähig, aber Sie sind gewandt und vielseitig. Ihre angeborene Neugier drängt Sie, auf allen möglichen Gebieten Kenntnisse zu sammeln. Meist haben Sie die Fähigkeit, sich klar und verständlich auszudrücken.

Sie sind ein unterhaltsamer Gesprächspartner, der interessant plaudern kann, aber nur selten ganz aus sich herausgeht. Auf Ihre Mitmenschen wirken Sie unterkühlt, fast gefühlsgehemmt. Das kann sich auch in einer engen Zweierbindung anfänglich auswirken, aber da Ihre Erotik von energiegeladener Leidenschaftlichkeit geprägt ist, wird es hier nach kurzer Anlaufzeit wohl keine Probleme mehr geben. Auch in anderer Hinsicht sind Sie ein guter Partner: Sie sind auf Stabilität und materielle Absicherung bedacht. Selbst in schwierigen Zeiten bleiben Sie »bei der Stange«, denn Verantwortungsbewusstsein wird bei Ihnen groß geschrieben.

Aszendent Waage

Ihre impulsive Spontaneität wird durch Ihren kritischen, wachen Verstand gezügelt, was Sie freilich nicht davor bewahrt, sich immer mal wieder in einer prekären Situation zu befinden, weil Sie sich voreilig auf ein lockendes Abenteuer eingelassen haben (keinesfalls nur auf erotischem Gebiet), denn Neues, durch das Sie sich gefordert und herausgefordert fühlen, übt auf Sie eine starke Anziehungskraft aus. Sie streben nach Erfolg und Anerkennung, wollen aber beides nicht auf Kosten anderer erreichen, denn gewöhnlich sind Sie Ihren Mitmenschen gegenüber rücksichtsvoll und hilfsbereit. Sie sind friedliebend und auf Ausgleich bedacht, doch wenn Ihnen oder Menschen, an denen Ihnen viel liegt, Unrecht geschieht, können Sie heftig, sogar gewalttätig reagieren. Im Alltagsleben sind Sie umgänglich und höflich, finden rasch Kontakt, sind als wissensreicher, amüsanter Gesprächspartner recht beliebt.

Häufig fehlt es Ihnen an Durchsetzungsvermögen. Gegen Hindernisse kämpfen Sie nicht an, sondern versuchen, sie durch geschicktes Taktieren zu umgehen. Da Sie Ihre Unternehmungen wohlbedacht zu organisieren pflegen, bleiben Ihnen freilich jähe unliebsame Überraschungen meist erspart. In Konflikt- und Stresssituationen kann Ihnen eine gewisse Entschlussschwäche zu schaffen machen, denn Ihre Ellenbogen sind nicht so hart, wie es nach außen hin den Anschein hat. Enge Zweierbeziehungen mit Ihnen sind nicht ganz risikolos: Wenn Ihnen am Partner etwas nicht passt, besonders wenn er Sie langweilt und die Beziehung zur öden Routine wird, können Sie zwar aus Höflichkeit und Entschlussschwäche lange schweigen, dann aber jäh die Verbindung abbrechen.

Aszendent Skorpion

Ein großes Kräftepotenzial und praktischer Wirklichkeitssinn sind die Grundlage Ihrer hohen Leistungsfähigkeit. Für das berufliche Leben haben Sie also das Rüstzeug, das den Weg zum Erfolg sichert. Aber gerade weil Sie auf diesem Gebiet so gut bedacht wurden, droht die Gefahr, dass der Beruf in Ihrem Leben übermächtige Bedeutung gewinnt. Wenn dies eintritt, wird der Beruf zum Sinn und Inhalt Ihres Lebens, dem Sie im Extremfall alles opfern, Ihr Privatleben und notfalls auch Konkurrenten, die Ihrem Aufstieg im Wege stehen. Sie sind zwar in erster Linie verstandesorientiert, wirken nach außen kühl und beherrscht, können aber auch starke Gefühle mobilisieren, werden zum furchtlosen Kämpfer, wenn man Ihnen den Kampf aufzwingt. Von sich aus sind Sie freilich eher auf einen vernünftigen Kompromiss aus, bei dem Ihre Interessen gewahrt bleiben.

Sie sind wenig imstande, sich in andere einzufühlen, doch sind Sie hilfsbereit, wenn Sie von der Notwendigkeit der Hilfe überzeugt sind. Ansonsten stellen Sie an andere ebenso hohe Anforderungen wie an sich selbst; wenn man Ihren Ansprüchen nicht gerecht wird, verlieren Sie rasch die Geduld. Durch Ungeduld und Sprunghaftigkeit schaden Sie manchmal sich selbst oder bringen sich in missliche Lagen. Das überrascht bei Ihnen, denn an sich sind Sie ein vernünftiger Realist, der sich stets in der Gewalt zu haben scheint.

Weniger kritisch sind Sie allerdings, wenn man Ihrem Selbstwertgefühl schmeichelt: Durch Lob und Ehrungen lassen Sie sich gern »einwickeln«, so dass man auf diesem Weg bei Ihnen manches erreichen kann.

Aszendent Schütze

Sie zeichnen sich durch große geistige Wendigkeit und vielfältige Interessen aus. Wenn sich die Möglichkeit ergibt, eine führende Position einzunehmen, zögern Sie nicht, dies zu tun, denn Sie trauen sich sehr viel zu und sind ein tatenfreudiger Optimist. Ob Sie den Aufgaben immer gewachsen sind, ist allerdings nicht so sicher, denn bei schwerwiegenden Entschlüssen sind Sie manchmal zögerlich, lassen Zielsicherheit und Ausdauer vermissen. Aber selbst wenn es einmal schief gehen sollte, lassen Sie sich dadurch nicht unterkriegen, sondern fangen bald etwas Neues an, denn an Ideen und Plänen fehlt es Ihnen nicht. Das sieht nach Sprunghaftigkeit aus und mag Ihre Mitwelt überraschen, denn Sie wirken in der Regel sehr verhalten und ausgeglichen, da sich bei Ihnen Verstand und Gefühl ziemlich die Waage halten. Zwar sind Sie starker Leidenschaften fähig, aber in Ihren Gefühlsäußerungen sehr sparsam. Gern wahren Sie eine gewisse Distanz geben sich höflich und verbindlich, doch nur selten herzlich. Von Kumpanei und Klüngelei halten Sie wenig. Auf die Wahrung persönlicher Freiräume sind Sie auch in einer engen zwischenmenschlichen Beziehung sehr bedacht. Entschieden lehnen Sie es ab, wenn jemand Sie ganz und gar für sich in Beschlag nehmen möchte.

Ihre vielseitige Neugier macht Sie abenteuerlustig, und da Sie Risiken nicht scheuen, wird es immer wieder geschehen, dass Sie sich unüberlegt in Unternehmungen stürzen, die Ihnen oder anderen Schaden bringen. Die Vielseitigkeit kann auch dazu führen, dass Sie Ihre Kräfte verzetteln und manche der Ziele nicht erreichen, die Sie sich gesteckt haben.

Aszendent Steinbock

Sie setzen Ihr großes Kräftepotenzial mit bedachter Zielstrebigkeit und ausdauernder Zähigkeit ein: Sie können sehr konzentriert arbeiten und sind pflichtbewusst; deshalb werfen Sie bei Schwierigkeiten und Misserfolgen die Flinte nicht ins Korn, sondern verbeißen sich in Ihre Aufgaben, um sie notfalls mit geballtem Krafteinsatz zu Ende zu führen.

Nicht selten konzentrieren Sie sich allzusehr auf den Beruf und vernachlässigen das Privatleben. Gefühlsäußerungen sind bei Ihnen selten; auf andere wirken Sie in sich gekehrt bis verschlossen, diszipliniert und reserviert bis gehemmt. Häufig sind Sie aus übertriebener Vorsicht misstrauisch und schweigsam, obwohl Sie sich gut ausdrücken können und zum interessanten Gesprächspartner werden, sobald Sie auftauen.

Sie sind wirklichkeitsbezogen und verrennen sich nicht in utopisches Wunschdenken. Ihre Ziele wägen Sie sorgfältig ab und beweisen dabei ein gutes Gespür für das praktisch Machbare. Ihren Weg verfolgen Sie geradlinig und stellen sich den Hindernissen, die Ihnen entgegentreten. Durch Rückschläge lassen Sie sich nicht entmutigen, denn Sie sind ein Optimist, der an sich und seinen Erfolg glaubt. Sie sind zwar nicht sonderlich geschäftstüchtig, können aber Geld gut zusammenhalten und bauen sich so systematisch eine solide finanzielle Basis auf. In einer Zweierbeziehung sind Sie ein verlässlicher Partner. Enge Bindungen gehen Sie wegen Ihrer Kontaktverhaltenheit nur zögernd ein, und es kann lang dauern, bis Sie sich einem anderen Menschen ganz öffnen. Dieser wird dann überrascht feststellen, welch tiefe, warme Gefühlswelt sich hinter Ihrer so unterkühlt und abweisend wirkenden Fassade verbirgt.

Aszendent Wassermann

Mit viel Mut und Entschlossenheit mobilisieren Sie Ihre Kräfte, um Ihre meist hochgesteckten Ziele zu erreichen. Ein wacher, origineller Geist sorgt für weitsichtige Planung. Sie sind ein kreativer Mensch, der gern neue Wege beschreitet. Was sich in ausgefahrenen Geleisen bewegt und Ihnen wenig neue Anregungen bringt, interessiert Sie nur selten. Am wohlsten fühlen Sie sich, wenn Sie Neuland betreten. In Ihrem Drang nach Originalität neigen Sie manchmal zu utopischen Wunschvorstellungen, gehen Risiken ein und setzen bislang Erreichtes aufs Spiel. In der Regel bleiben Sie allerdings auf dem Boden der Tatsachen.

Geleitet werden Sie nicht nur durch Ihren wachen Verstand, sondern auch durch intuitive Erkenntnisse und ein feines Gespür für untergründige Strömungen. Praktische Kriterien und Nützlichkeitserwägungen spielen bei Ihrem Denken und Tun eine bedeutsame Rolle. Sie sind zwar willensstark, aber nicht stur: Wenn veränderte Gegebenheiten es erfordern, sind Sie durchaus bereit, Standpunkte zu revidieren und neue Wege einzuschlagen. Sie haben bei Ihrem Handeln nicht nur das eigene Interesse im Auge: Sie sind zwar ichbezogen, setzen sich aber auch für andere ein. Gelegentlich lassen Sie sich zu unbedachten Impulshandlungen hinreißen, besonders wenn man Sie verletzt. Gewöhnlich aber halten Sie sich zurück, versuchen Reibereien durch diplomatisches Geschick zu vermeiden. Obwohl Sie meist eine gewisse Distanz wahren, sind Sie ein angenehmer Partner: Sie sind zuverlässig, unterhaltsam, originell, unkonventionell und auf Harmonie bedacht. Zwang lehnen Sie für sich und andere ab.

Aszendent Fische

Sie lassen sich nicht ausschließlich von Ihrem wachen Verstand, sondern auch von Gefühlen leiten, sind auf sozialen und beruflichen Aufstieg bedacht, kennen aber weder verbissenen Ehrgeiz noch rücksichtslose Karrieresucht. Sie setzen lieber Ihr Können und Wissen als Ihre Ellbogen ein, um gesteckte Ziele zu erreichen. Hindernisse versuchen Sie nicht durch geballten Krafteinsatz aus dem Weg zu räumen, sondern wollen sie lieber umgehen oder durch geschicktes Taktieren abbauen. Sie sind zwar in Alltagsdingen praktisch veranlagt, bleiben aber bei Ihren Zielsetzungen nicht immer auf dem Boden der Tatsachen, so dass Sie Ihre Möglichkeiten überschätzen. Bei Fehlschlägen werfen Sie nicht ohne weiteres die Flinte ins Korn, aber aufreibende Kämpfe liegen Ihnen wenig, denn Ihr Durchsetzungsvermögen ist begrenzt, und seelisch sind Sie nicht sonderlich robust.

Sie geben sich höflich, freundlich und zurückhaltend, gehen auf andere Menschen ein und bringen ihnen viel Verständnis entgegen. In zwischenmenschlichen Beziehungen sind Sie darauf bedacht, Konflikte zu vermeiden, und notfalls zum Nachgeben bereit.

Sie sind ichbezogen, aber nicht egoistisch. Ihre Hilfsbereitschaft zeigt sich vor allem, wenn Schwächeren, die Ihnen nahe stehen, Unrecht geschieht; für sie setzen Sie sich mit aller Entschiedenheit ein. Sie brauchen für Ihr Wohlbefinden weder ständigen Trubel noch einen großen Freundeskreis, denn Sie sorgen durch Ihre Zielsetzungen und die vielfältigen Aufgaben, die Sie übernehmen, selbst dafür, dass Ihre persönliche Welt in Bewegung bleibt.

II.
Meine Einbindung in das Universum

Mein chinesisches Horoskop

Die jahrtausendealte chinesische Astrologie arbeitet mit einem eigenständigen System, das eine direkte Bezugsetzung zur uns vertrauten Astrologie unmöglich macht. Nach chinesischer Auffassung bestimmen fünf Faktoren Wesenszüge, Fähigkeiten und Schicksal des Menschen: der Jahrestyp, die Jahreszeit, die Doppelwoche, der Tag und die Stunde der Geburt. Seit dem 6. vorchristlichen Jahrhundert wird jedes Jahr einem von zwölf Tiersymbolen zugeordnet, so dass es zwölf verschiedene Jahrestypen gibt. Vom Jahrestyp hängen Wesens- und Gemütsart eines Menschen ab. Ohne Entsprechung im Abendland ist das auf die Gefühlswelt bezogene System der Jahreszeiten, von denen es fünf je einem Element zugeordnete Typen gibt. Auf Verhalten und Stellung innerhalb der Gemeinschaft bezieht sich das System der 24 Doppelwochen. Die Gefühlswelt wird außer durch die Jahreszeit auch durch den Geburtstag bestimmt; die in den chinesischen Stundenkreis der Tiere eingeordnete Geburtsstunde schließlich prägt das leib-seelische Erscheinungsbild des Menschen.

Obwohl der chinesische »Tierkreis« eine Zwölfteilung aufweist, gibt es doch keine vollständige Übereinstimmung, sondern lediglich Entsprechungen. Anhand der Jahrestabelle können Sie Ihren Jahrestyp feststellen und die entsprechende Charakteristik in unserer Übersicht nachlesen. Über die kosmische Prägung durch Jahreszeit und Doppelwoche Ihrer Geburt informieren wir Sie im Anschluss.

31. 1. 1900 - 18. 2. 1901	Ratte	17. 2. 1950 - 5. 2. 1951	Tiger
19. 2. 1901 - 8. 2. 1902	Ochse	6. 2. 1951 - 26. 1. 1952	Hase
9. 2. 1902 - 28. 1. 1903	Tiger	27. 1. 1952 - 13. 2. 1953	Drache
29. 1. 1903 - 15. 2. 1904	Hase	14. 2. 1953 - 3. 2. 1954	Schlange
16. 2. 1904 - 3. 2. 1905	Drache	4. 2. 1954 - 23. 1. 1955	Pferd
4. 2. 1905 - 24. 1. 1906	Schlange	24. 1. 1955 - 11. 2. 1956	Ziege
25. 1. 1906 - 12. 2. 1907	Pferd	12. 2. 1956 - 30. 1. 1957	Affe
13. 2. 1907 - 1. 2. 1908	Ziege	31. 1. 1957 - 18. 2. 1958	Hahn
2. 2. 1908 - 21. 1. 1909	Affe	19. 2. 1958 - 7. 2. 1959	Hund
22. 1. 1909 - 9. 2. 1910	Hahn	18. 2. 1959 - 27. 1. 1960	Schwein
10. 2. 1910 - 29. 1. 1911	Hund	28. 1. 1960 - 14. 2. 1961	Ratte
30. 1. 1911 - 17. 2. 1912	Schwein	15. 2. 1961 - 4. 2. 1962	Ochse
18. 2. 1912 - 5. 2. 1913	Ratte	5. 2. 1962 - 25. 1. 1963	Tiger
6. 2. 1913 - 25. 1. 1914	Ochse	26. 1. 1963 - 13. 2. 1964	Hase
26. 1. 1914 - 13. 2. 1915	Tiger	14. 2. 1964 - 1. 2. 1965	Drache
14. 2. 1915 - 3. 2. 1916	Hase	2. 2. 1965 - 21. 1. 1966	Schlange
4. 2. 1916 - 22. 1. 1917	Drache	22. 1. 1966 - 8. 2. 1967	Pferd
23. 1. 1917 - 10. 2. 1918	Schlange	9. 2. 1967 - 29. 1. 1968	Ziege
11. 2. 1918 - 31. 1. 1919	Pferd	30. 1. 1968 - 16. 2. 1969	Affe
1. 2. 1919 - 20. 1. 1920	Ziege	17. 2. 1969 - 5. 2. 1970	Hahn
21. 1. 1920 - 7. 2. 1921	Affe	6. 2. 1970 - 26. 1. 1971	Hund
8. 2. 1921 - 6. 2. 1922	Hahn	27. 1. 1971 - 18. 2. 1972	Schwein
7. 2. 1922 - 14. 2. 1923	Hund	19. 2. 1972 - 2. 2. 1973	Ratte
15. 2. 1923 - 4. 2. 1924	Schwein	3. 2. 1973 - 23. 1. 1974	Ochse
5. 2. 1924 - 24. 1. 1925	Ratte	24. 1. 1974 - 10. 2. 1975	Tiger
25. 1. 1925 - 12. 2. 1926	Ochse	11. 2. 1975 - 30. 1. 1976	Hase
13. 2. 1926 - 1. 2. 1927	Tiger	31. 1. 1976 - 17. 2. 1977	Drache
2. 2. 1927 - 22. 1. 1928	Hase	18. 2. 1977 - 7. 2. 1978	Schlange
23. 1. 1928 - 9. 2. 1929	Drache	8. 2. 1978 - 27. 1. 1979	Pferd
10. 2. 1929 - 29. 1. 1930	Schlange	28. 1. 1979 - 15. 2. 1980	Ziege
30. 1. 1930 - 17. 2. 1931	Pferd	16. 2. 1980 - 4. 2. 1981	Affe
18. 2. 1931 - 6. 2. 1932	Ziege	5. 2. 1981 - 24. 1. 1982	Hahn
7. 2. 1932 - 25. 1. 1933	Affe	25. 1. 1982 - 12. 2. 1983	Hund
26. 1. 1933 - 13. 2. 1934	Hahn	13. 2. 1983 - 1. 2. 1984	Schwein
14. 2. 1934 - 3. 2. 1935	Hund	2. 2. 1984 - 19. 2. 1985	Ratte
4. 2. 1935 - 23. 1. 1936	Schwein	20. 2. 1985 - 8. 2. 1986	Ochse
24. 1. 1936 - 10. 2. 1937	Ratte	9. 2. 1986 - 28. 1. 1987	Tiger
11. 2. 1937 - 31. 1. 1938	Ochse	29. 1. 1987 - 16. 2. 1988	Hase
1. 2. 1938 - 18. 2. 1939	Tiger	17. 2. 1988 - 5. 2. 1989	Drache
19. 2. 1939 - 7. 2. 1940	Hase	6. 2. 1989 - 26. 1. 1990	Schlange
8. 2. 1940 - 26. 1. 1941	Drache	27. 1. 1990 - 14. 2. 1991	Pferd
27. 1. 1941 - 14. 2. 1942	Schlange	15. 2. 1991 - 3. 2. 1992	Ziege
15. 2. 1942 - 4. 2. 1943	Pferd	4. 2. 1992 - 21. 1. 1993	Affe
5. 2. 1943 - 25. 1. 1944	Ziege	22. 1. 1993 - 9. 2. 1994	Hahn
26. 1. 1944 - 12. 2. 1945	Affe	10. 2. 1994 - 30. 1. 1995	Hund
13. 2. 1945 - 1. 2. 1946	Hahn	31. 1. 1995 - 18. 2. 1996	Schwein
2. 2. 1946 - 21. 1. 1947	Hund	19. 2. 1996 - 6. 2. 1997	Ratte
22. 1. 1947 - 9. 2. 1948	Schwein	7. 2. 1997 - 27. 1. 1998	Ochse
10. 2. 1948 - 28. 1. 1949	Ratte	28. 1. 1998 - 15. 2. 1999	Tiger
29. 1. 1949 - 16. 2. 1950	Ochse	16. 2. 1999 - 4. 2. 2000	Hase

Ratte

Stürmisch bis unbedacht und voreilig, selbstbewusst bis arrogant, setzt sich gern in Szene, kann und weiß meist viel und lässt dies andere deutlich merken. Kann sich nur schwer unterordnen und bleibt oft eingefahrenen Gewohnheiten verhaftet. Ist zwar im Grund hilfsbereit, aber nur dann großzügig, wenn Lohn und Anerkennung winken. Kann in materiellen Dingen recht erfolgreich sein.

Ochse

Vital, tatkräftig, zielbewusst, meist auch vorausschauend und klug planend. Strebt idealistische Ziele an und setzt sich für deren Verwirklichung ein. Ist in seinem Gefühlsausdruck eher verhalten, obwohl er tiefe Gefühle hegt. Kann mit seinem robusten, rastlosen Tatendrang für seine Mitmenschen manchmal recht anstrengend sein.

Tiger

Ungemein unternehmungslustig, aber auch mit großer Ausdauer bei der Verfolgung von Zielen. Übertriebene Vehemenz kann zu Fehlschlägen führen. Mut kann zu Tollkühnheit übersteigert sein. Ausgeprägtes Selbstbewusstsein neigt zu Selbstüberschätzung und Egozentrik, die Rücksichtslosigkeit zur Folge haben kann. Gefühle sind meist heftig, aber auch unstabil.

Hase

Von manchmal schier unbändiger Energie und rastloser Aktivität. In der Regel für Kunst und Literatur begeistert. Kann trotz der fast beängstigenden Dynamik viel Geduld und Verständnis für andere aufbringen, ist im Grunde des Herzens sehr uneigennützig. Kann mit Hindernissen fertig werden, vor denen die meisten verzagen.

Drache

Unerschrocken, weicht weder Feinden noch Hemmnissen aus, da Mut, Vitalität und Kraft im Überfluss vorhanden sind. Gibt sich häufig schroff und abweisend und hat manchmal nur wenige gute Freunde, ist aber im Innersten ungemein sensibel und hat für die Nöte und Sorgen anderer ein offenes Ohr. Muss lernen, seine Energien zu lenken und sich zu Selbstbeherrschung und Mäßigung zu zwingen.

Schlange

Lebt die großen Energieströme in Aktivitäten aus, die meist von schöpferischem Planen gelenkt werden. Kann mit kreativer Fantasie vielfache Anstöße geben und neue Entwicklungen einleiten, ist aber nicht sonderlich ausdauernd bei der Verfolgung von Plänen, sobald das Tun zur Routine geworden ist und keine neuen Anregungen mehr gibt. Kann eine tiefe Gedanken- und Gefühlswelt haben.

Pferd

Kaum zu bändigender Tatendrang wird in einer Vielzahl von Aktivitäten ausgelebt, die manchmal überstürzt in Angriff genommen werden; bei Hindernissen und Schwierigkeiten erlischt das Interesse rasch, und schnell wird etwas Neues angefangen. Heftige Gefühlsausbrüche sind keine Seltenheit; ansonsten werden Gefühle eher zurückgehalten. Ungeduld kann gegen andere ungerecht und verletzend zum Ausdruck kommen.

Ziege

Gerechtigkeitsfanatiker, der zu Streitsucht und Heftigkeit neigt, aber nur selten Gewalt befürwortet oder anwendet und Konfliktsituationen eher durch passiven Widerstand zu bewältigen versucht. Setzt sich für andere und für Ideale als Kämpfernatur ein. Ist in der Regel kreativ und manchmal künstlerisch veranlagt.

Affe

Steckt voller Pläne, die häufig gleichzeitig in Angriff genommen werden, wobei in vielen Fällen ein eiserner Wille, gute Nerven, vorausschauende Planung und eine realistische Einschätzung der Gegebenheiten zum Erfolg führen. Sollte aber allzu große Zersplitterung und übermäßige Kräfteballungen vermeiden, um nicht sich selbst und anderen zu schaden. Kommt meist aus Schwierigkeiten gut heraus.

Hahn

Ungemein betriebsam und erfolgsorientiert, aber auch sehr ichbezogen, neigt zu Selbstsucht, Geschwätzigkeit und Launenhaftigkeit. Kann sich nur schwer unterordnen. Seine direkte Offenheit ist wohltuend, kann aber auch verletzen. Gewandtheit und schlagfertiger Witz machen ihn beliebt. Häufig von allen Aspekten der Natur fasziniert und sehr triebstark, aber in den Gefühlen nicht unbedingt konstant.

Hund

Energiegeladen und ungemein draufgängerisch, aber dabei nicht unbedingt planvoll und bedacht, lässt sich immer wieder zu blindem Losschlagen hinreißen. Setzt sich kämpferisch für Gerechtigkeit und andere Ideale ein, hat gern eine »Mission«, die er unbeugsam verfolgt. Muss jedoch unbedingt darauf achten, seine Unternehmungen besser zu planen und seine Kräfte nicht zu verzetteln.

Schwein

Voll kämpferischer Energie, aber mit wenig Ausdauer und Durchsetzungsvermögen. Setzt sich gern für andere ein, schätzt aber nicht selten Gegebenheiten falsch ein und neigt zu vorschnellen Urteilen und unbedachten Reaktionen. Kann künstlerisch vielfältig begabt sein, braucht aber in dieser Hinsicht meist die Hilfe anderer, um zu Anerkennung und Erfolg zu gelangen.

Die Jahreszeit

Sie sind in der Holz-Jahreszeit geboren, die die Wochen vom 21. März bis zum 3. Juni umfasst. Das Element Holz wird dem Frühling zugeordnet und ist mit dem Osten verbunden; Beziehungen bestehen zur Landwirtschaft, zu saurem Geschmack und scharfem Aroma. Verschwistert ist das Element mit dem Wind, der sich vom sanften Säuseln bis zum zerstörenden Orkan steigern kann, und entsprechend reicht auch der Symbolbezug von Beweglichkeit und Tatkraft bis zu Heftigkeit und unbeherrschtem Zorn. Die Lieblingsfarbe des Holz-Menschen ist Grün, seine Glückszahl ist Acht.

Am wohlsten fühlen Sie sich in Häusern oder Räumen, die nach Osten schauen, und den erquickendsten Schlaf finden Sie, wenn Sie mit dem Kopf nach Osten liegen. Ihre Lieblingsfarbe Grün schenkt Ihnen bei Erkrankung oder Erschöpfung Erholung und Entspannung, besonders das frische Grün von Laub und Gras. Viel Bewegung in freier Natur erhält Sie gesund und leistungsfähig; ganz allgemein trägt eine naturverbundene Lebensweise entscheidend zu Ihrem inneren Gleichgewicht bei.

Sie haben viel gesunden Menschenverstand, doch besteht bei Ihnen immer wieder die Gefahr, dass Sie sich von Gefühlswallungen mitreißen lassen und sich dann Ihre starken Energien in unbedachten Aggressionen entladen. Vermeiden Sie es, Konflikte und Hinternisse durch geballten Krafteinsatz überwinden zu wollen; lassen Sie im Umgang mit Ihren Mitmenschen mehr Rücksichtnahme und Verständnis walten. Als Seelentröster können Sie Ihrer Umwelt vermutlich nur wenig helfen, aber Sie können mit Ihrem mitreißend dynamischen Optimismus anderen belebende Impulse vermitteln, ihnen Kraft und Schwung geben. Als wirklichkeitsbezogener Praktiker, der wie ein Baum fest in der Erde verwurzelt ist, vermögen Sie viel zu Problemlösungen beizutragen.

Die 4. Doppelwoche

Sie sind in der vierten chinesischen Doppelwoche geboren (der Neujahrstag der Chinesen fällt nicht mit dem unseren zusammen), die die Tage vom 21. März bis zum 5. April umfasst. Dies ist die Doppelwoche der Frühlings-Tagundnachtgleiche, die Ihre Anlagen in bestimmter Weise prägt.

Sie sind energiegeladen, dynamisch und ausdauernd. Sie wollen erobern, Pionierleistungen vollbringen, Selbstbestätigung finden und schrecken dabei vor Widerständen und Hindernissen nicht zurück. Sie sind offen und ehrlich und erwarten von anderen das Gleiche. Eingefahrene, seelenlose Routine und hemmende Bürokratie sind Ihnen zuwider. Solange eine Aufgabe Sie fordert und interessiert, werden Sie hart und zäh arbeiten, doch wenn sie keine neuen Anstöße und Probleme mehr bringt, erlischt Ihr Eifer; Sie können unvermittelt eine Sache oder auch eine Stellung aufgeben, um sich Neuem zuzuwenden. Fehlschläge und Niederlagen werfen Sie nicht aus dem Geleise; Sie sind leistungsorientiert, stellen sich gern dem Wettbewerb und geben nur auf, wenn Ihr Interesse erloschen ist. Als wirklichkeitsbezogener Praktiker und verstandesorientierter Pragmatiker eignen Sie sich für Führungsaufgaben, sollten sich aber davor hüten, mangelndes Überzeugungsvermögen durch einen autoritären Führungsstil zu ersetzen. Zu Ihren Stärken gehören rasche Auffassungsgabe, risikobereite Entschlussfreudigkeit und Durchsetzungsvermögen. Hüten Sie sich jedoch vor unbedachter Voreiligkeit und dickköpfiger Rechthaberei.

Leicht wird aus zielstrebiger Entschlossenheit rücksichtslose Härte. Es fällt Ihnen schwer, sich in andere Menschen einzufühlen, was sich gesellschaftlich, beruflich und in engen zwischenmenschlichen Beziehungen negativ auswirken kann. Bemühen Sie sich, bei Ihrem Planen und Handeln Ihre Umwelt stärker einzubeziehen, auf die Belange anderer zu achten und mehr Gespür für die Mitmenschen zu entwickeln.

Die 5. Doppelwoche

Sie sind in der fünften chinesischen Doppelwoche geboren (der Neujahrstag der Chinesen fällt nicht mit dem unseren zusammen), die die Tage vom 6. bis zum 20. April umfasst. Dies ist die Doppelwoche »klar und sonnig«, die Ihre Anlagen in verschiedener Weise prägt.

Sie sind begeisterungsfähig, unternehmungslustig und voller Energie. Sie sind ein wirklichkeitsbezogener Praktiker. Sie verlangen nach Aufgaben, die Sie fordern und an denen Sie Ihre Kräfte messen können, und so entwickeln Sie früh schon systematisch effiziente Problemlösungen, die Ihre Selbstsicherheit stärken und Ihnen Anerkennung verschaffen. In jungen Jahren besteht allerdings die Gefahr, dass Sie in Ihrem rastlosen Tätigkeitsdrang Ihre Kräfte verzetteln, riskante Abenteuer eingehen und Kräfte sinnlos vergeuden. Bald wird Sie aber Ihr klarer Verstand in nützlichere Bahnen leiten, die dem sozialen und beruflichen Aufstieg dienen. Früh schon streben Sie eine führende Position an; verantwortungsvollen Aufgaben sind Sie in der Regel gut gewachsen, denn Sie sind zielstrebig, klarsichtig, scharfdenkend, leistungsorientiert, selbstsicher und ein guter Organisator. Schwierigkeiten und Hindernissen weichen Sie nicht aus; Sie lieben Kampf und Konkurrenz und lassen sich kaum je unterkriegen. Sie stellen hohe Anforderungen an sich selbst, aber auch an Mitmenschen; wenn diese Ihren Anforderungen und Erwartungen nicht genügen, können Sie hart und ungerecht reagieren, da es Ihnen an Verständnis für andere mangelt.

In jungen Jahren können Sie recht egoistisch und rücksichtslos sein, doch mit zunehmendem Alter werden Sie in der Regel einsichtiger, toleranter und in Ihren Umgangsformen verbindlicher; Sie begegnen jetzt Ihren Mitmenschen verständnisvoller und beurteilen sie weniger kompromisslos und streng. Eine ausgeprägte Ichbezogenheit wird freilich zeitlebens bei Ihnen erhalten bleiben.

Mein indianisches Horoskop

Obwohl sie auf einem Welt- und Menschenbild beruht, das von unseren abendländischen Vorstellungen sehr verschieden ist, gelangt auch die indianische Astrologie zu Einsichten über den Menschen, die den uns vertrauten Horoskop-Aussagen verblüffend ähnlich sind. Auch für den Indianer ist der Mensch in das Universum eingebunden, ist Bestandteil eines engen Geflechts von Beziehungen und Wechselwirkungen, das die ganze – belebte und unbelebte – Welt durchzieht.

Nach Auffassung der Indianer tritt der Mensch mit seiner Geburt in einen magischen Kreis ein, der die ganze Welt in sich einschließt. Vier Abschnitte unterteilen das Universum, den Jahres- und Tageslauf und werden durch je ein Tier symbolisiert: Ost – Frühling – Morgen – Adler; Süd – Sommer – Mittag – Kojote; West – Herbst – Abend – Grizzlybär; Nord – Winter – Nacht – Weißer Büffel. Unseren Tierkreiszeichen entsprechen zwölf Monde, denen jeweils ein Totem (Zeichen) im Tier-, Pflanzen- und Mineralreich sowie eine Symbolfarbe beigegeben sind.

Sie sind ein Roter-Habicht-Mensch (21.03-19.04)

Geboren sind Sie unter dem Mond der Knospenden Bäume, der etwa dem Zeitraum unseres Tierkreiszeichens Widder entspricht. Ihr Totem im Tierreich ist der Rote Habicht, Ihre Totem im Pflanzenreich der Löwenzahn, Ihr Totem im Mineralreich der Feueropal und Ihre Symbolfarbe Gelb. Sie gehören dem Elementeklan der Donnervögel an, deren Element das Feuer ist.

Der Rote-Habicht-Mensch liebt die Sonne und die Wärme, verlangt nach Aktivitäten, die seine starken geistigen, physischen und emotionalen Kräfte fordern. Er ist ein geborener Optimist und verfügt über einen ausgeprägten Tatendrang. Wie sein Totem-Tier ist der Rote-Habicht-Mensch gewöhnlich rasch zupackend, energisch und furchtlos. Auch wenn sein Handeln manchmal übereilt erscheint, hat er doch in der Regel zuvor alle Gesichtspunkte reiflich überlegt. Als selbständiger, klarer Denker ist er von großer Überzeugungskraft und kann andere mitreißen.

Partnerschaften

Als Roter-Habicht-Mensch sind Sie ein Vertreter des Donnervogelklans. Dem gleichen Klan gehören auch die Stör-(Löwe-) und Wapiti-(Schütze-)Menschen an. Mit diesen kommen Sie in der Regel sehr gut zurecht, da ihnen viele grundlegende Wesenszüge gemeinsam sind.

Am besten ergänzen Sie sich mit Angehörigen des Schmetterlingsklans, dessen Element die Luft ist: Das Feuer braucht die Luft zum Brennen, und ohne Feuer wäre die Luft kalt und lebensfeindlich. Schmetterlingsklan-Menschen bringen das Feuer (die Energie) der Donnervogelklan-Menschen zum Lodern und helfen ihnen, ihren Horizont und Wirkungskreis zu erweitern. Umgekehrt können Vertreter des Donnervogelklans den Menschen des Schmetterlingsklans zu mehr Beständigkeit und größerer Konzentration verhelfen. Eine Partnerschaft wird oft recht stürmisch verlaufen, da beide Seiten aktiv, selbstbewusst und eigenwillig sind. Dem Schmetterlingsklan gehören Hirsch-(Zwillinge-), Rabe-(Waage-) und Otter-(Wassermann-)Menschen an.

Recht gegensätzlich sind Angehörige des Froschklans, dessen Element das Wasser ist. Feuer und Wasser vertragen sich nicht, zehren einander auf. Dennoch kann gerade die Gegensätzlichkeit auf beide Seiten sehr nutzbringend einwirken, indem die bisweilen bedrohliche Dynamik des Feuers gedämpft und andererseits die kühle Verhaltenheit des Wassers belebend erwärmt wird. Zum Froschklan gehören die Specht-(Krebs-), Schlange-(Skorpion-) und Puma-(Fische-)Menschen.

Ähnlich sind sich in vielen Wesenszügen die Angehörigen des Donnervogel- und des Schildkrötenklans (Element Erde). Am Anfang einer Beziehung mag es freilich Schwierigkeiten geben, weil die solide Stabilität der Erde der dynamischen Beweglichkeit des Feuers scheinbar widerspricht, aber wenn erst einmal beide Seiten erkannt haben, dass einerseits dem lodernden Feuer eine feste Grundlage gut tut und andererseits das Feuer die Erde belebt, werden beide von der Partnerschaft viel profitieren. Vertreter des Schildkrötenklans sind die Biber-(Stier-), Braunbär-(Jungfrau-) und Schneegans-(Steinbock-)Menschen.

Sie sind ein Biber-Mensch (20.04.-20.05)

Geboren sind Sie unter dem Mond der Wiederkehrenden Frösche, der etwa dem Zeitraum unseres Tierkreiszeichens Stier entspricht und sich mit dem Tierkreiszeichen Widder nur an einem Tag überschneidet, dem 20. April. Ihr Totem im Tierreich ist der Biber, Ihr Totem im Pflanzenreich die Blaue Camasspflanze, Ihr Totem im Mineralreich der Chrysokoll und Ihre Symbolfarbe Blau. Sie gehören dem Elementeklan der Schildkröten an, deren Element die Erde ist.

Der Biber-Mensch ist sehr erdverbunden und schätzt Sicherheit und Stabilität. Bei seinen Entscheidungen lässt er sich meist mehr von Gefühlen als vom Verstand leiten, aber in praktischen Dingen zeigt er viel gesunden Menschenverstand. Er ist kraftvoll und zäh, aber auch vorsichtig und gründlich. Er ist gefühlsstark, hat sich jedoch meist in der Gewalt und wirkt nach außen verhalten und ruhig. Besonnen und systematisch geht er ans Werk, gestellte Aufgaben erledigt er gründlich und zuverlässig. Wie sein

Pflanzen-Totem ist er tief in der Erde verwurzelt und kann den Dingen und Menschen, die mit ihm zu tun haben, festen Halt geben.

Partnerschaften

Als Biber-Mensch sind Sie ein Vertreter des Schildkrötenklans. Dem gleichen Klan gehören auch die Braunbär-(Jungfrau-) und Schneegans-(Steinbock-)Menschen an, mit denen Sie in der Regel gut zurechtkommen, da Ihnen viele grundlegende Wesenszüge gemeinsam sind.

Am besten ergänzen Sie sich mit Angehörigen des Froschklans, dessen Element das Wasser ist: Ohne die Erde als feste Grundlage kann das Wasser nicht fließen, während das Wasser die Erde vor Austrocknung bewahrt. Im praktischen Leben und auf der Gefühlsebene werden die Partnerschaften erfreulich, nützlich und von Dauer sein. Dem Froschklan gehören die Specht-(Krebs-), Schlange-(Skorpion-) und Puma-(Fische-)Menschen an.

Recht gegensätzlich sind Angehörige des Schmetterlingsklans, dessen Element die Luft ist. Beiden Seiten fehlt es nicht an Intelligenz und Einsicht, und so sind sie durchaus imstande, die unterschiedlichen Standpunkte zu verstehen und zu respektieren; sie können in praktischen Dingen und in ihrer Lebenseinstellung viel voneinander lernen. Zum Schmetterlingsklan gehören die Hirsch-(Zwillinge-), Rabe-(Waage-) und Otter-(Wassermann-)Menschen.

Ähnlich sind sich in vielen Wesenszügen die Angehörigen des Schildkröten- und des Donnervogelklans (Element Feuer). Am Anfang einer Beziehung mag es zwar Schwierigkeiten geben, weil die solide Stabilität der Erde der dynamischen Beweglichkeit des Feuers zu widersprechen scheint, aber wenn erst einmal beide Seiten erkannt haben, dass das Feuer die Erde belebt und andererseits die Erde dem Feuer eine feste Grundlage gibt, werden beide von einer solchen Partnerschaft viel profitieren. Zum Donnervogelklan gehören die Roter-Habicht-(Widder-), Stör-(Löwe-) und Wapiti-(Schütze-)Menschen.

Mein keltisches (Baum-)Horoskop

Nicht Tierkreiszeichen oder Tiere, sondern Bäume sind die Symbole der keltischen Astrologie. Deren Systematik beruht auf den beiden heiligen Zahlen der Kelten, der Drei und der Sieben: Einundzwanzig Bäume gliedern den Jahreslauf.

21.03.
Ihr Baum ist die *Eiche*. Sie symbolisiert Kraft, Mut und Stärke, Beständigkeit und Freiheitswillen, aber auch Eigensinn und Unbeugsamkeit. Sie ist ungemein selbstsicher, sehr eigenständig und fest verwurzelt, lässt aber auch andere neben sich bestehen. Das bedeutet für Sie: Sie sind ein Mensch der Tat, der praktisch und wirklichkeitsbezogen denkt und handelt, aber auch häufig über intuitives Gespür verfügt. Meist sind Sie körperlich, nervlich und seelisch robust und sehr vital. Vergessen Sie in engen Bindungen nicht die Rücksichtnahme auf Ihre Partner, um unnötige Reibungen zu vermeiden.

22.03. bis 31.03.
Ihr Baum ist die *Haselnuss*. Sie symbolisiert Intelligenz, Intuition, scharfes Urteilsvermögen, Tatkraft für das Allgemeinwohl, hochgesteckte Ziele, aber auch persönliche Genügsamkeit und Verständnisbereitschaft. Das bedeutet für Sie: Sie engagieren sich für soziale Belange. Mit viel Überzeugungskraft können Sie andere für Ihre hohen Ziele gewinnen, wobei Ihnen Ihre Beredsamkeit und Ihr Verständnis für die Mitmenschen zugute kommen. Sie können charmant sein und haben eine starke persönliche Ausstrahlung. Gefühle tragen Sie nach außen hin selten zur Schau, da Sie in erster Linie verstandesorientiert sind. Dennoch sind Sie in engen zwischenmenschlichen Beziehungen auf Harmonie und Ausgleich bedacht.

01.04. bis 10.04.
Ihr Baum ist die *Eberesche*. Sie symbolisiert Kraft, Ausdauer, Tatendrang, Unruhe, Machtanspruch, aber auch Anmut und Liebreiz. Sie ist sich der reichen Gaben bewusst, die die Natur ihr geschenkt hat, und liebt es, die Blicke auf sich zu ziehen. Das bedeutet für Sie: Sie sind aufrecht, stark, leistungsfähig und selbstbewusst, vital, dynamisch und optimistisch. Manchmal ist freilich Ihre ungestüme Impulsivität zu unbedacht, so dass Sie sich gelegentlich in fragwürdige oder gar aussichtslose Abenteuer einlassen. Ihr ausgeprägtes Selbstwertgefühl fordert Beachtung, ist allerdings nicht auf den Beifall der Mitmenschen angewiesen. In einer engen Beziehung sind Sie ein leidenschaftlicher, aktiver und starker Partner, allerdings mit wenig Geduld und oft mangelndem Einfühlungsvermögen.

11.04. bis 20.04.
Ihr Baum ist der *Ahorn*. Er symbolisiert Ehrgeiz, Selbstbewusstsein, Intelligenz, Stolz und Originalität, aber auch Launenhaftigkeit, Eigensinn und eingeschränkte Belastbarkeit. Obwohl nach außen hin zurückhaltend, will er doch hoch hinaus. Das bedeutet für Sie: Sie sind ein tatkräftiger Mensch, der sich des eigenen Wertes sehr wohl bewusst ist. Sie stecken sich hohe Ziele, denen Sie mit großem Ehrgeiz zustreben. Sie sind wendig und suchen ständig nach neuen Erfahrungen, die Ihr Leben bereichern. Nicht selten fehlt es Ihnen an Selbstkritik, und manchmal lassen Sie sich durch Schmeicheleien falscher Freunde von Ihrem Weg abbringen. Nervlich sind Sie nur begrenzt belastbar. In einer engen Beziehung sollten Sie auf die Seelenlage Ihres Partners mehr Rücksicht nehmen und sich davor hüten, ihm ständig Ihren eigenen Willen aufzwingen zu wollen.

Weltzeitalter, Jahresplaneten, Symbolbezüge

Infolge der Kreiselbewegung der Erdachse (Präzession) wandert der Frühlingspunkt, also der Schnittpunkt von Himmelsäquator und Ekliptik, in rund 2100 Jahren um jeweils ein Sternbild auf dem Tierkreis zurück. An der Spitze des Sternbilds Widder lag der Frühlingspunkt vor rund 4000 Jahren; um die Zeitenwende wanderte er in das Sternbild Fische zurück, und inzwischen ist er im Sternbild Wassermann angelangt. Von den Sternbildern zu unterscheiden sind die gleichnamigen Tierkreiszeichen: Bei diesen handelt es sich um Abschnitte eines auf den Frühlingspunkt ausgerichteten astrologischen Bezugssystems, das durch die Wanderung dieses Punktes nicht verändert wird.

Die Zeitdauer einer vollen Erdachsenumdrehung (rund 25000 Jahre) bezeichnet man als »platonisches Jahr«. Dieses gliedert sich in zwölf jeweils etwa 2100 Jahre umfassende »Weltmonate« (auch Weltzeitalter genannt), die nach alter astrologischer Tradition durch die Wirkqualitäten des Tierkreisabschnitts bestimmt werden, der vom Frühlingspunkt im jeweiligen Zeitraum durchlaufen wird. Eine zusätzliche Prägekraft schrieb man dem im Tierkreis gegenüberliegenden Abschnitt zu, so dass also jeweils zwei polare Tierkreiszeichen wirksam sind.

Wir stehen heute an der Schwelle des Wassermann-Zeitalters, das durch das Tierkreiszeichen Wassermann und den ihm zugeordneten Planeten Uranus gekennzeichnet sein wird. Beide symbolisieren revolutionäre Umbrüche, eine gesteigerte Verbundenheit mit dem All, aber auch eine Verdichtung der Beziehungen innerhalb der Menschheit. Dass die atemberaubende Entwicklung von Wissenschaft und Technik grundlegende Veränderungen (Nutzung der Atomkraft, Computer, Raumfahrt) eingeleitet hat, ist offenkundig. Nachrichten- und Verkehrstechnik haben die Erde gleichsam schrumpfen lassen, haben die Menschen aller Kontinente einander so nahe gebracht wie nie zuvor. Noch ist nicht abzusehen, wohin diese Entwicklung führen wird, ob sie der Menschheit zum Fluch oder zum Segen gereicht.

Etwa von der Zeitwende bis in unsere Tage dauert das *Zeitalter der Fische*. Das welthistorisch bedeutsamste Ereignis dieses Abschnitts war die Entstehung und Entfaltung des Christentums, dessen frühes Symbol die Fische waren. Der Einfluss des polaren Tierkreiszeichens Jungfrau zeigt sich in den Grundzügen der christlichen Religion (Demut, Nächstenliebe usw.), aber auch im Marienkult.

Die beiden Jahrtausende vor der Zeitwende, das *Zeitalter des Widders*, standen unter dem Einfluss des Mars. Große Völkerkriege ließen mächtige Reiche untergehen und führten das Griechenheer Alexander des Großen bis nach Italien. Der polare Waage-Einfluss zeigt sich in den herrlichen Kunstschöpfungen dieser Zeit. Der Widder spielte in manchen Religionen des Orients eine bedeutsame Rolle.

Das 3. und 4. vorchristliche Jahrtausend war das *Zeitalter des Stiers*. Erdverbundener Schönheitssinn und praktisches Denken offenbaren sich in der altägyptischen Kultur. Im ganzen Mittelmeerraum spielten Stierkulte eine wichtige Rolle, wie sie uns am eindrucksvollsten aus Kreta überliefert sind. Der polare Skorpion-Einfluss zeigt sich u.a. in den Totenkulten der damaligen Hochkulturen.

Das *Zeitalter der Zwillinge* (um 6000 – 4000 v. Chr.) wird durch gesteigerte geistige und physische Mobilität gekennzeichnet. In diesen Abschnitt fallen die Verbreitung der Schrift und die Entstehung erster Bibliotheken (China, Zweistromland, Ägypten), aber auch die Erfindung des Rades.

Jahresplaneten kennt man schon seit Tausenden von Jahren. Sie wurden zunächst im vorderasiatischen Kulturraum als Anhaltspunkte für die Zeitrechnung eingeführt; da damals das Jahr im Frühling begann, dauert die »Herrschaft« eines Planeten jeweils vom 21. März bis zum 20. März des Folgejahres. Erst später schrieb man den Jahresplaneten auch astrologische Bedeutung zu und begann, sie in die Deutung von Individualhoroskopen und bei der astrologischen Wettervorhersage einzubeziehen.

Die moderne Astrologie ist davon wieder abgekommen, aber für Interessierte wollen wir mit zwei Übersichten kurz darauf eingehen.

Die Jahresplaneten für das 20. Jahrhundert

Merkur
1900 1907 1914 1921 1928 1935 1942 1949 1956 1963 1970 1977 1984 1991 1998

Mond
1901 1908 1915 1922 1929 1936 1943 1950 1957 1964 1971 1978 1985 1992 1999

Saturn
1902 1909 1916 1923 1930 1937 1944 1951 1958 1965 1972 1979 1986 1993 2000

Jupiter
1903 1910 1917 1924 1931 1938 1945 1952 1959 1966 1973 1980 1987 1994

Mars
1904 1911 1918 1925 1932 1939 1946 1953 1960 1967 1974 1981 1988 1995

Sonne
1905 1912 1919 1926 1933 1940 1947 1954 1961 1968 1975 1982 1989 1996

Venus
1906 1913 1920 1927 1934 1941 1948 1955 1962 1969 1976 1983 1990 1997

»Der Mensch dringt durch den Erdenhimmel in neue Welträume vor.«
Holzschnitt um 1530

Dem Einfluss des Jahresplaneten schrieb man über die individuellen Konstellationen des Geburtshoroskops hinaus folgende zusätzliche Prägekräfte auf das Wesen der in den jeweiligen Jahren Geborenen zu:

Merkur: vielseitig interessiert, kritisch, verstandesbetont, ehrgeizig, redegewandt und reisefreudig.

Mond: unbeständig, wechselvolles Schicksal, Veränderungen in der Lebensmitte, Erfolge im Alter.

Saturn: überlegt, konzentriert, ausdauernd, eigensinnig und verschlossen; langsamer Aufstieg, später Erfolg.

Jupiter: großzügig, lebensfroh, optimistisch, gute Aufstiegschancen.

Mars: dynamisch, energisch, leidenschaftlich, starkes Durchsetzungsvermögen, aber auch voreilig und unbedacht.

Sonne: selbstständig, großzügig, aber auch ichbezogen, eigenwillig und triebhaft.

Venus: begeisterungsfähig, schöpferisch, vielseitig interessiert, lebensfroh; Erfolg oft erst in der zweiten Lebenshälfte.

Noch einmal sei gesagt, dass sich der Einfluss eines Jahresplaneten nicht vom 1. Januar bis zum 31. Dezember, sondern vom 21. März bis zum 20. März des folgenden Jahres erstreckt.

Auf die vielfältigen Symbolbezüge von Tierkreiszeichen und Planeten können wir hier nicht im Einzelnen eingehen. Wir wollen sie nur tabellarisch zusammenfassen, und zwar in folgender Reihenfolge:

Tierkreiszeichen — Planetenherrscher — Farben — Metall — Edelsteine — Zahlen — Wochentag.

Widder: Mars — Rot, Kadmiumgelb — Eisen — Rubin, Jaspis, Granat, Diamant, Amethyst — Neun — Dienstag.

Stier: Venus — Gelb, Pastellblau, Hellgrün — Kupfer — Achat, Smaragd, Saphir, Lapislazuli, Türkis, Karneol — Fünf und Sechs — Freitag.

Zwillinge: Merkur — Violett, Safrangelb — Quecksilber — Topas, Bergkristall, Aquamarin, Goldberyll — Fünf — Mittwoch.

Krebs: Mond — Grün, Silber, Weiß — Silber — Kristall, Smaragd, Opal, Mondstein, Perlen — Zwei und Sieben — Montag.

Löwe: Sonne — Orange, Gold, Gelb — Gold — Rubin, Diamant, Hyazinth, Goldtopas, Tigerauge — Eins und Vier — Sonntag.

Jungfrau: Merkur — Violett, Hellblau, Weiß — Quecksilber —

Jaspis, Achat, Karneol, Topas, Turmalin — Fünf — Mittwoch.

Waage: Venus — Gelb, Pink, Pastelltöne — Kupfer — Diamant, Beryll, Lapislazuli, Türkis, Koralle, Perlen — Fünf und Sechs — Freitag.

Skorpion: Mars — Rot, Braun, Schwarz — Eisen — Topas, Malachit, Jaspis, Rubin, Sardonyx — Neun — Dienstag.

Schütze: Jupiter — Blau, Purpur, warmes Braun — Zinn — dunkelblauer Saphir, Türkis, Amethyst, Lapislazuli, Granat — Drei — Donnerstag.

Steinbock: Saturn — Indigo, Dunkelgrün, Braun, Schwarz — Blei — Onyx, Gagat, Chalzedon, Karneol, Chrysopras, schwarze Perlen — Acht und Fünfzehn — Samstag.

Wassermann: Uranus (früher Saturn) — Indigo, Lila, Violett, irisierende Farben — Blei, Aluminium, Radium — Saphir, Amethyst, Bernstein, Aquamarin, Chalzedon — Acht und Fünfzehn — Samstag.

Fische: Neptun (früher Jupiter) — Blau, Violett, Weiß, schillernde Farben — Platin, Zinn — Chrysolith, Saphir, Topas, Opal, Perlmutt, Kristalle — Drei — Donnerstag.

III.
Mein persönlicher Aszendent

Um Ihren Aszendenten auf dem Ihren Geburtstag betreffenden Schaubild (ab Seite 84) ablesen zu können, müssen Sie Ihre in Mitteleuropäischer Zeit (MEZ) angegebene Geburtszeit zunächst in Weltzeit (WZ) und danach in Ortszeit (OZ) umwandeln. Wenn Sie Ihre genaue Geburtszeit nicht wissen, können Sie sie beim Standesamt Ihres Geburtsortes erfragen.

Einfach ist die Umrechnung von MEZ in Weltzeit: Sie brauchen lediglich von der MEZ eine Stunde abzuziehen. Wenn zum Zeitpunkt Ihrer Geburt die Sommerzeit galt, müssen Sie von Ihrer Geburtszeit zwei Stunden und in den wenigen Zeiträumen mit doppelter Sommerzeit sogar drei Stunden abziehen, um die Weltzeit ermitteln zu können.

Die Ortszeit hängt von der geografischen Länge Ihres Geburtsortes ab. Für jedes Grad östlicher Länge (vom Nullmeridian) müssen Sie zur Weltzeit vier Minuten hinzuzählen. Um Ihnen lange Rechnereien zu ersparen, finden Sie anschließend eine Ortstabelle für den deutschsprachigen Raum, auf der Sie für die wichtigsten Städte die zur Weltzeit zu addierenden Minuten ablesen können. Wenn Ihr Geburtsort in der Tabelle nicht aufgeführt ist, suchen Sie im Atlas eine ungefähr auf dem gleichen Längenkreis liegende Stadt unserer Tabelle und zählen Sie die dort angegebene Zahl von Minuten zu Ihrer in Weltzeit umgerechneten Geburtszeit hinzu.

Ortstabelle für den deutschsprachigen Raum

ORT	Min.	ORT	Min.	ORT	Min.
Aachen	24	Frankfurt/M.	35	Mainz	33
Aarau	32	Frankfurt/O.	58	Mannheim	34
Allenstein	82	Freiburg/Br.	31	Marburg	35
Ansbach	42	Freising	47	Memel	84
Apolda	46	Genf	25	Mülheim/R.	32
Arosa	39	Gera	48	München	46
Aschaffenburg	37	Gießen	35	Münster	31
Augsburg	44	Görlitz	60	Nordhausen	43
Baden-Baden	33	Gotha	43	Nördlingen	42
Bamberg	44	Göttingen	40	Nürnberg	44
Basel	30	Graz	69	Oldenburg	33
Bautzen	58	Hagen	30	Osnabrück	32
Bayreuth	46	Halberstadt	44	Passau	54
Berlin	54	Halle/S.	44	Pirmasens	30
Bern	30	Hamburg	40	Plauen	49
Bielefeld	34	Hannover	39	Regensburg	48
Bochum	29	Heidelberg	35	Rosenheim	48
Bonn	28	Heilbronn	37	Rostock	49
Bozen	45	Helgoland	32	Saarbrücken	28
Brandenburg	50	Hildesheim	40	Salzburg	52
Braunschweig	42	Hof	48	Schleswig	38
Bregenz	39	Ingolstadt	46	Schweinfurt	41
Bremen	35	Innsbruck	46	Schwerin	46
Breslau	68	Jena	46	Speyer	34
Celle	40	Kaiserslautern	31	St. Gallen	38
Cham	34	Karlsruhe	34	Stettin	58
Chemnitz	52	Kassel	38	Steyr	58
Chur	38	Kempten	41	Stralsund	52
Cottbus	57	Kiel	41	Straßburg	31
Danzig	75	Klagenfurt	57	Stuttgart	37
Darmstadt	35	Köln	27	Traunstein	42
Davos	39	Königsberg	82	Trier	27
Dessau	49	Konstanz	37	Ulm	40
Dortmund	30	Krefeld	26	Vaduz	38
Dresden	55	Kufstein	49	Villach	55
Duisburg	27	Lausanne	27	Weimar	45
Düsseldorf	27	Leipzig	50	Wesermünde	34
Eisenach	41	Leoben	60	Wien	66
Emden	29	Lindau	39	Wiesbaden	33
Erfurt	44	Linz	57	Wittenberg	51
Erlangen	44	Lübeck	43	Worms	34
Essen	28	Ludwigshafen	34	Würzburg	40
Esslingen	37	Luxemburg	25	Zürich	34
Feldkirch	38	Luzern	33	Zweibrücken	29
Flensburg	37	Magdeburg	47	Zwickau	50

Ihr Aszendent am 21. März

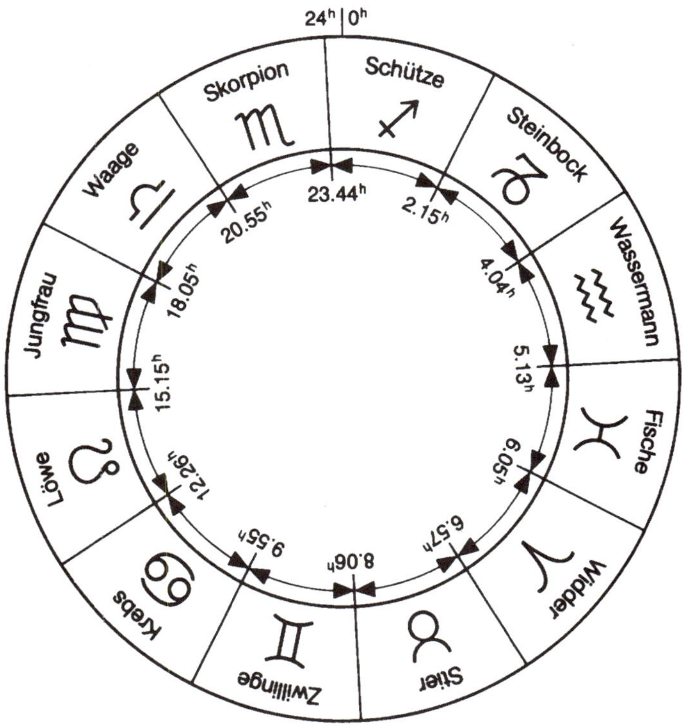

Ihr Aszendent am 22. März

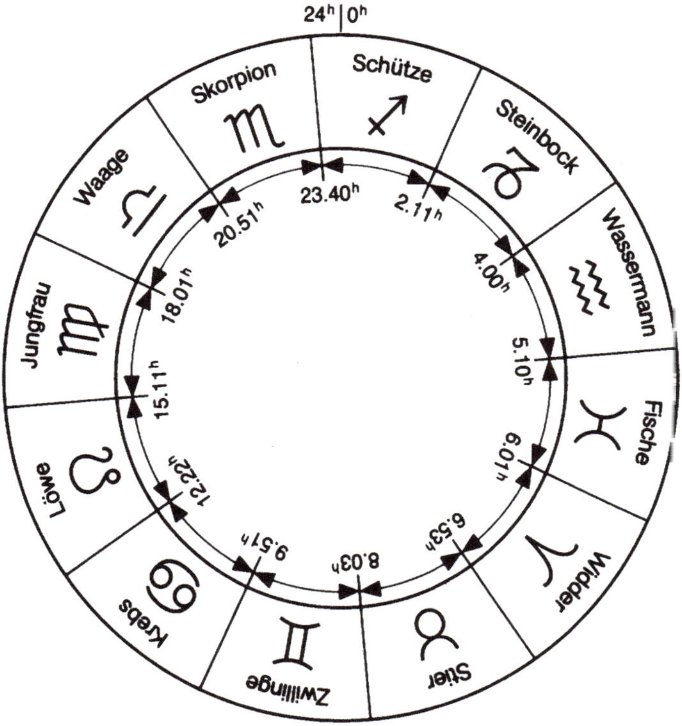

Ihr Aszendent am 23. März

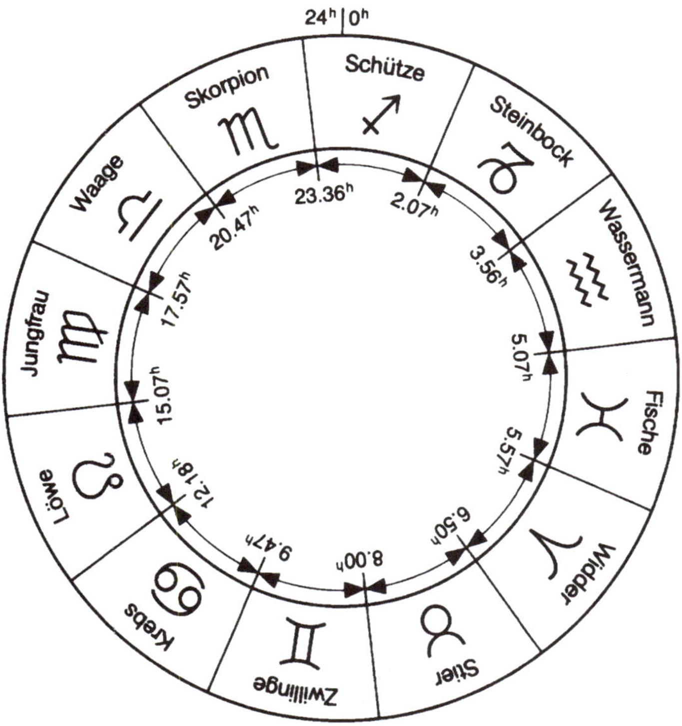

Ihr Aszendent am 24. März

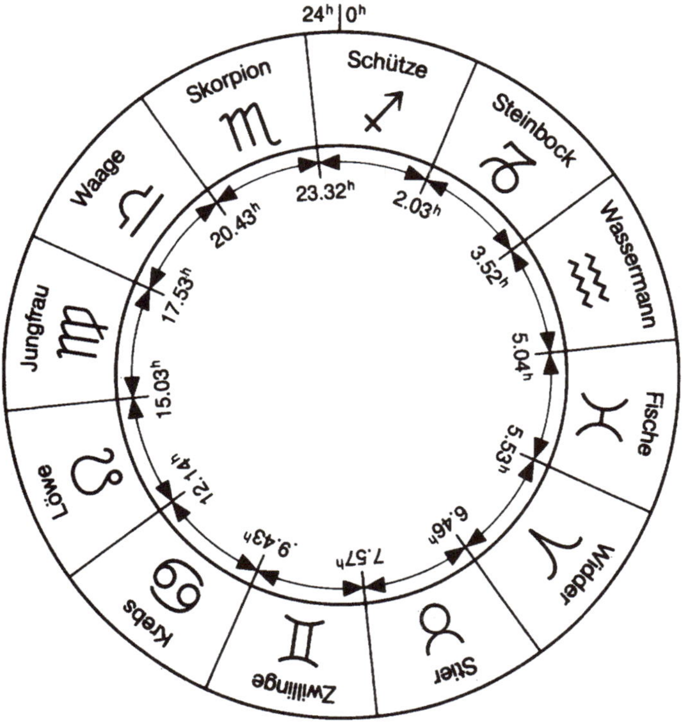

Ihr Aszendent am 25. März

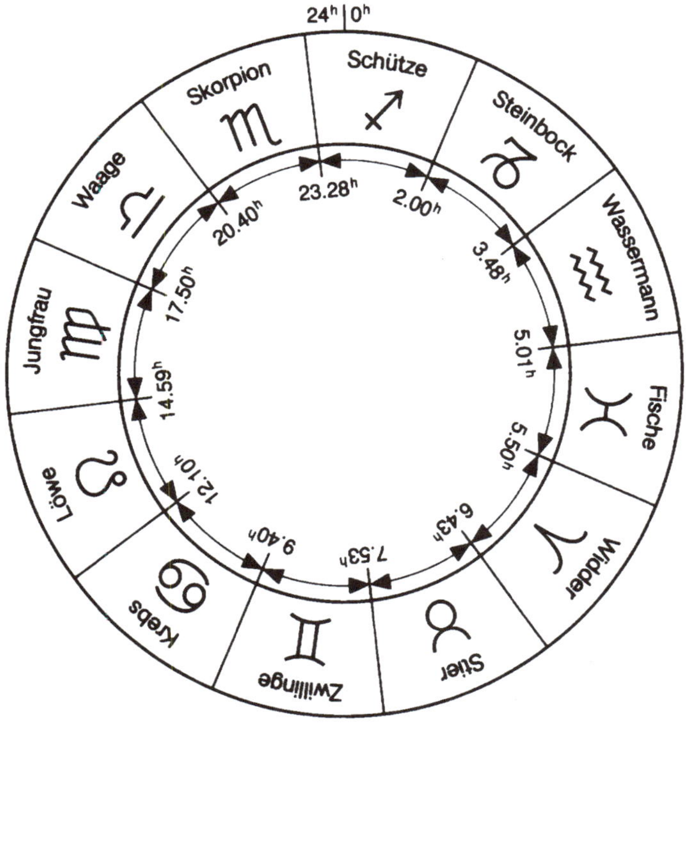

Ihr Aszendent am 26. März

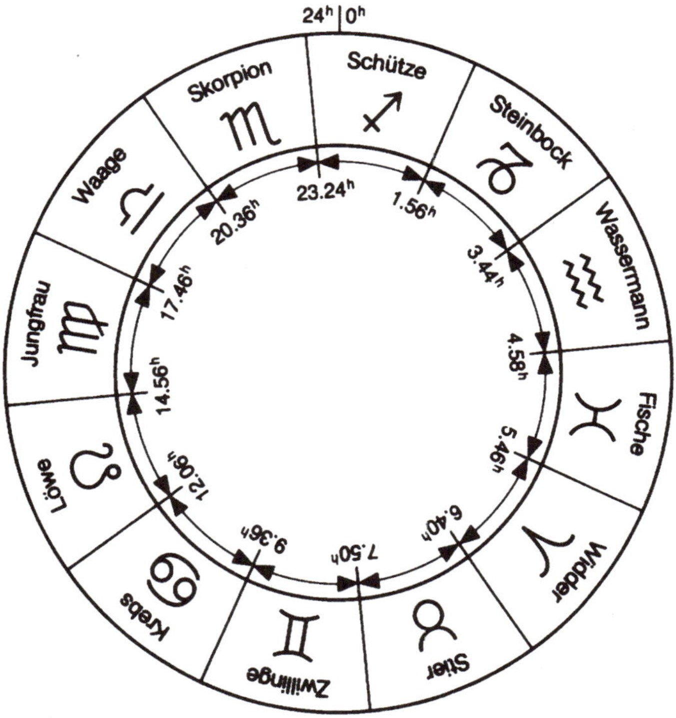

Ihr Aszendent am 27. März

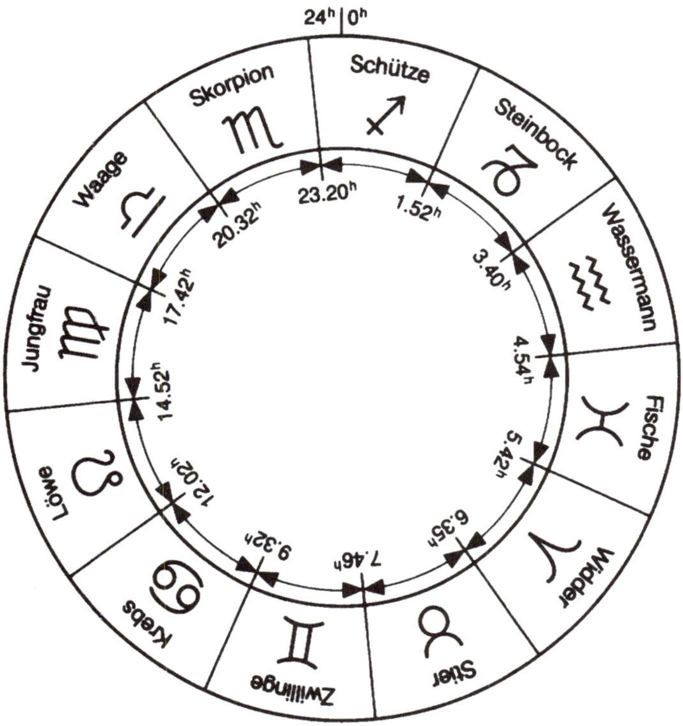

Ihr Aszendent am 28. März

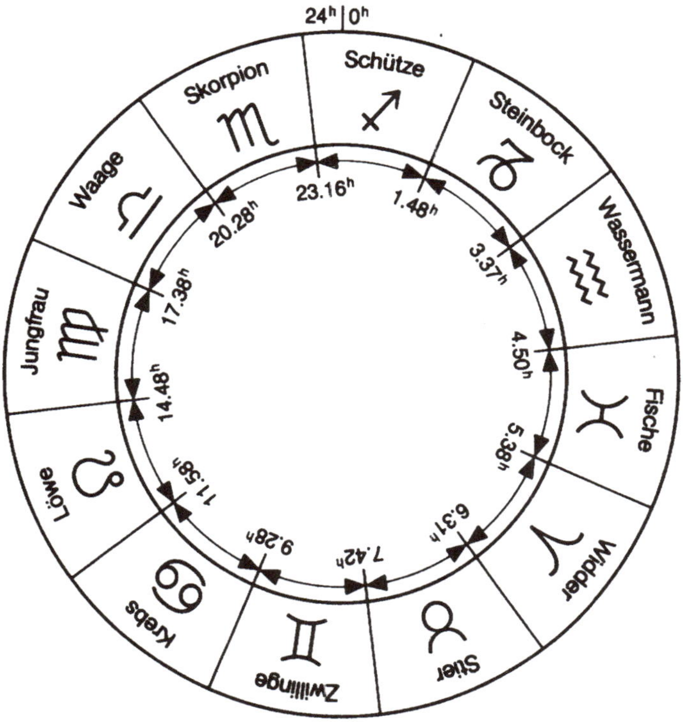

Ihr Aszendent am 29. März

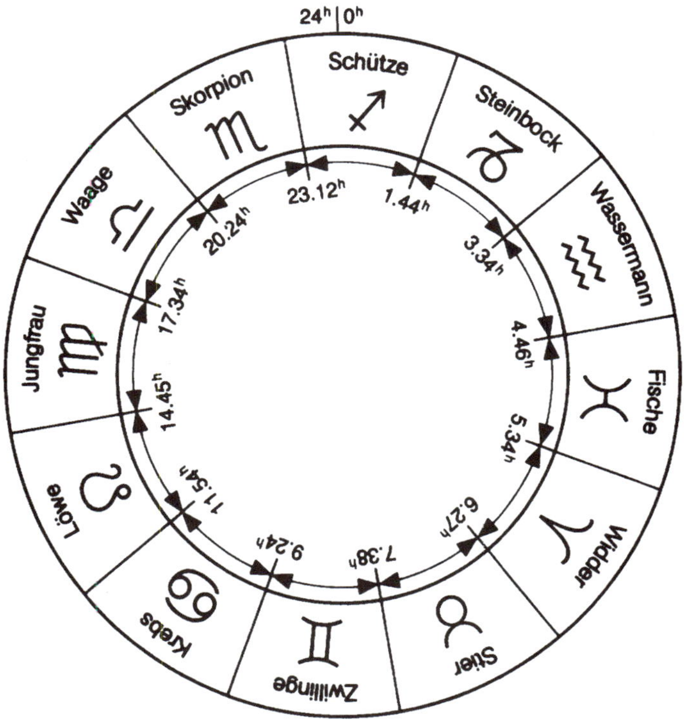

Ihr Aszendent am 30. März

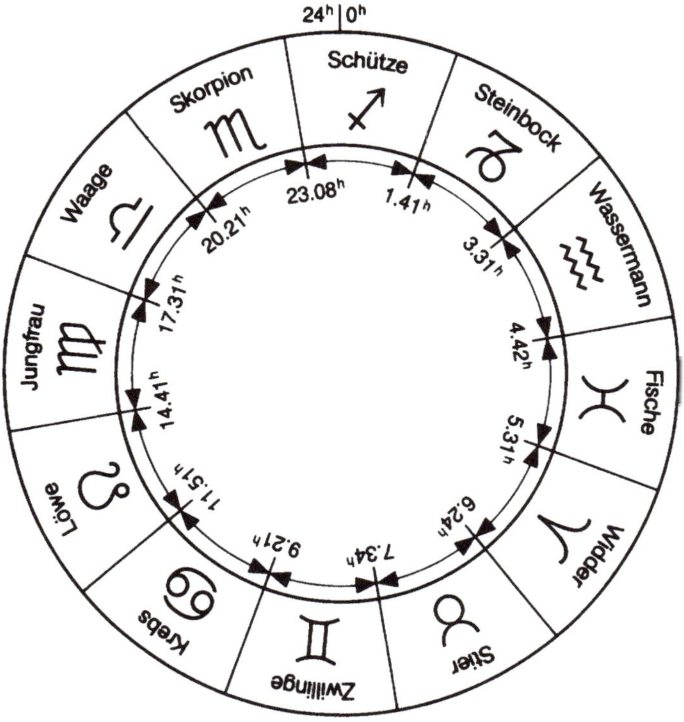

Ihr Aszendent am 31. März

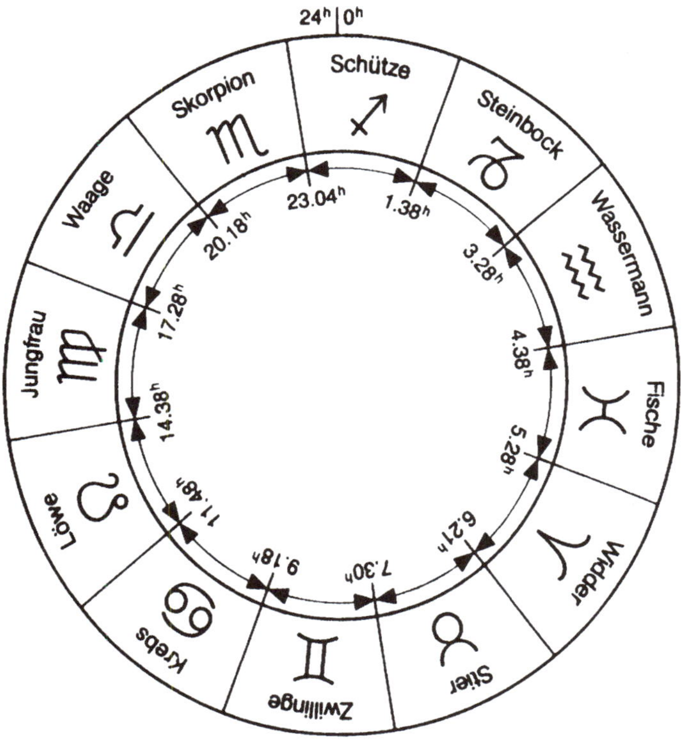

Ihr Aszendent am 1. April

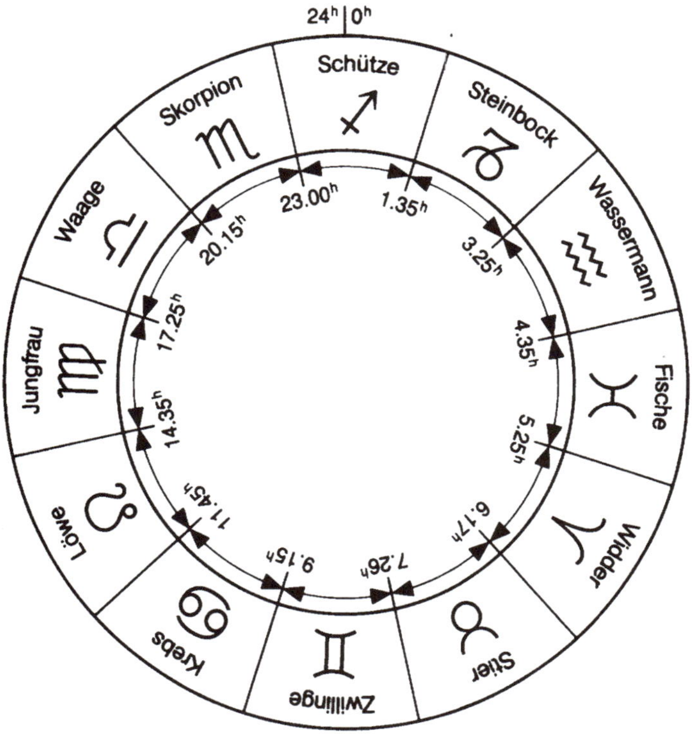

Ihr Aszendent am 2. April

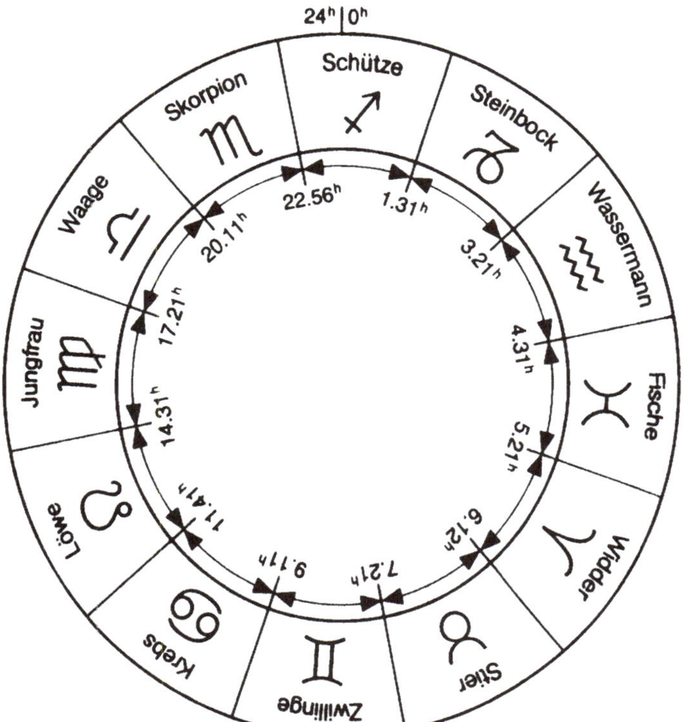

Ihr Aszendent am 3. April

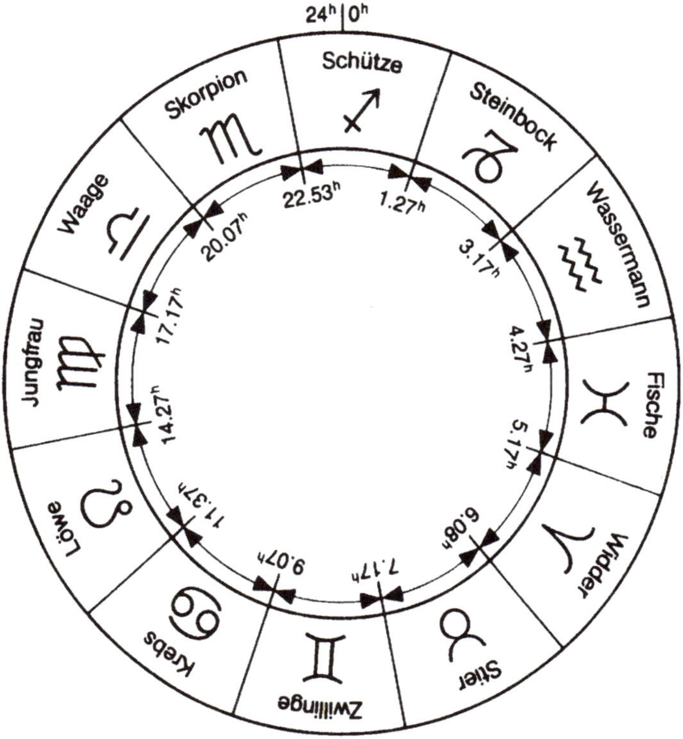

Ihr Aszendent am 4. April

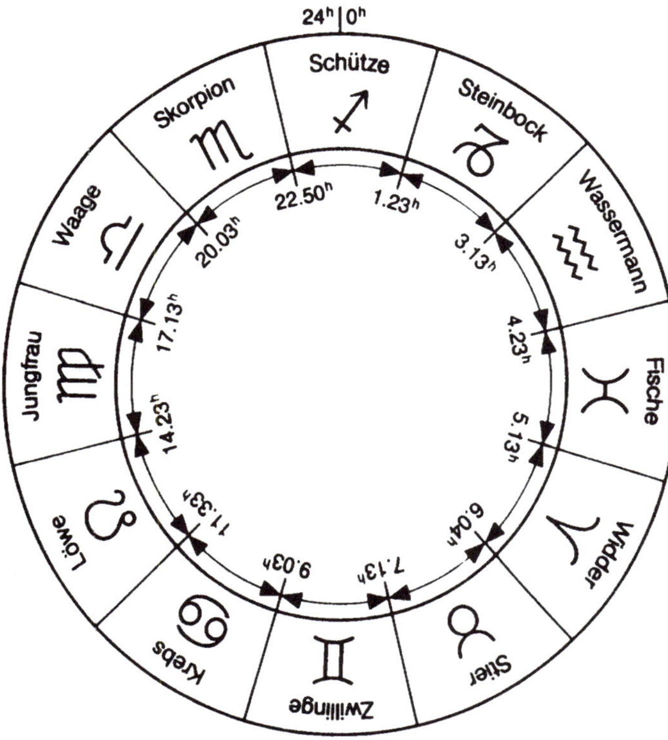

Ihr Aszendent am 5. April

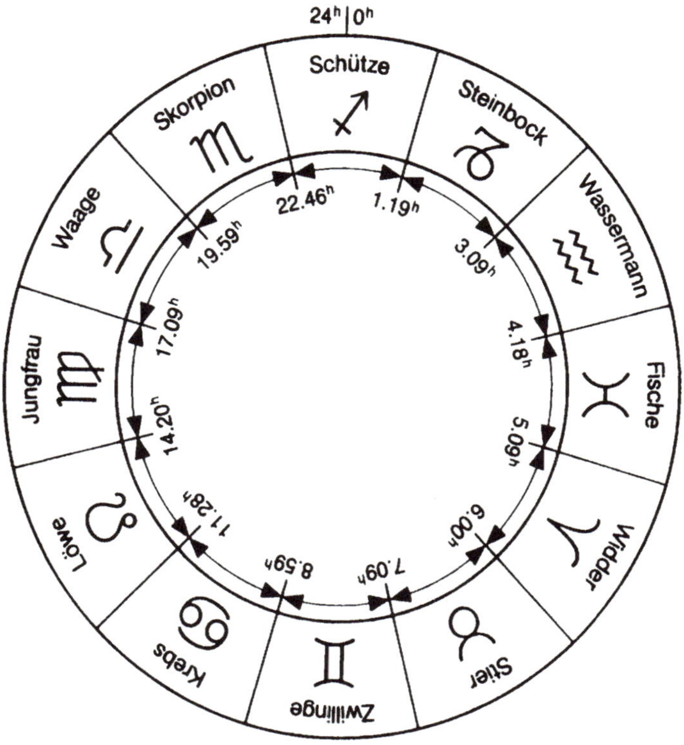

Ihr Aszendent am 6. April

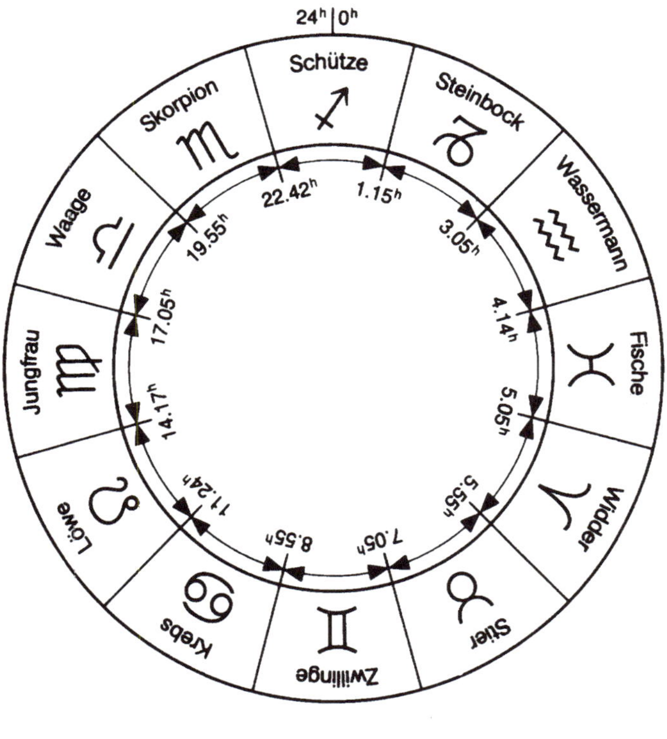

Ihr Aszendent am 7. April

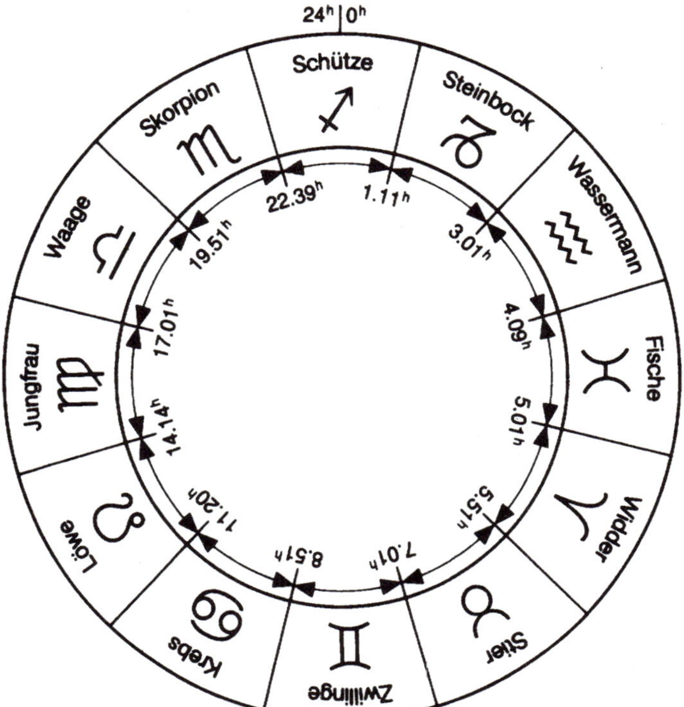

Ihr Aszendent am 8. April

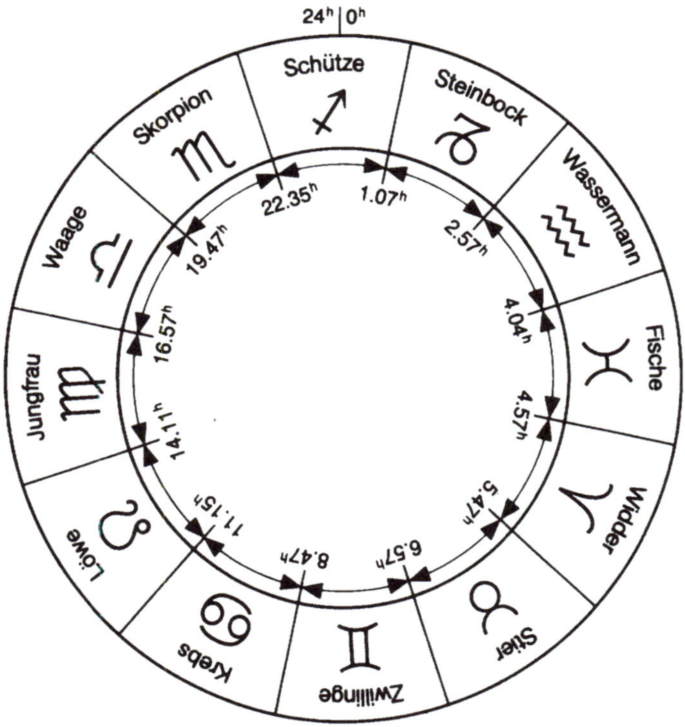

Ihr Aszendent am 9. April

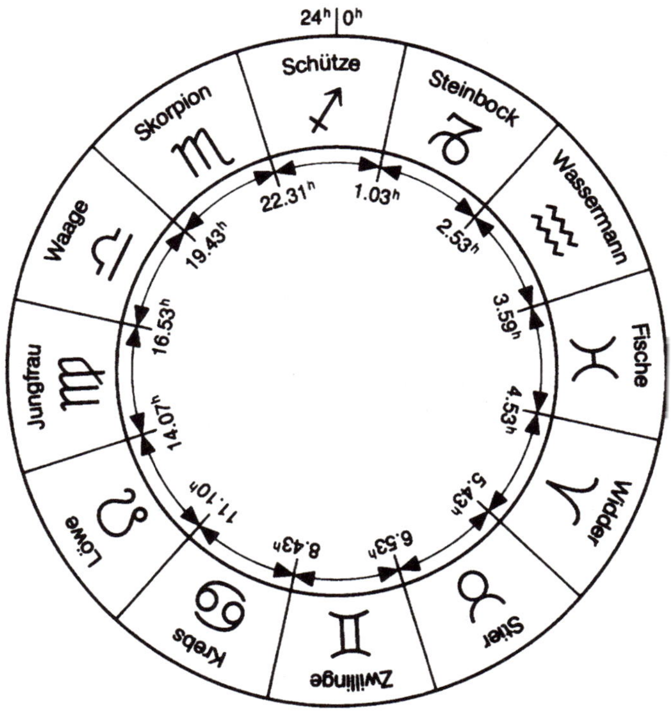

Ihr Aszendent am 10. April

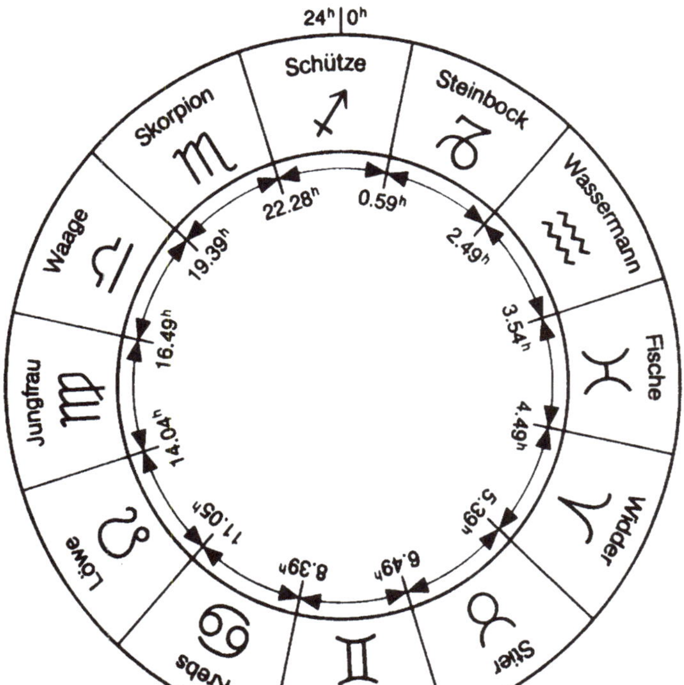

Ihr Aszendent am 11. April

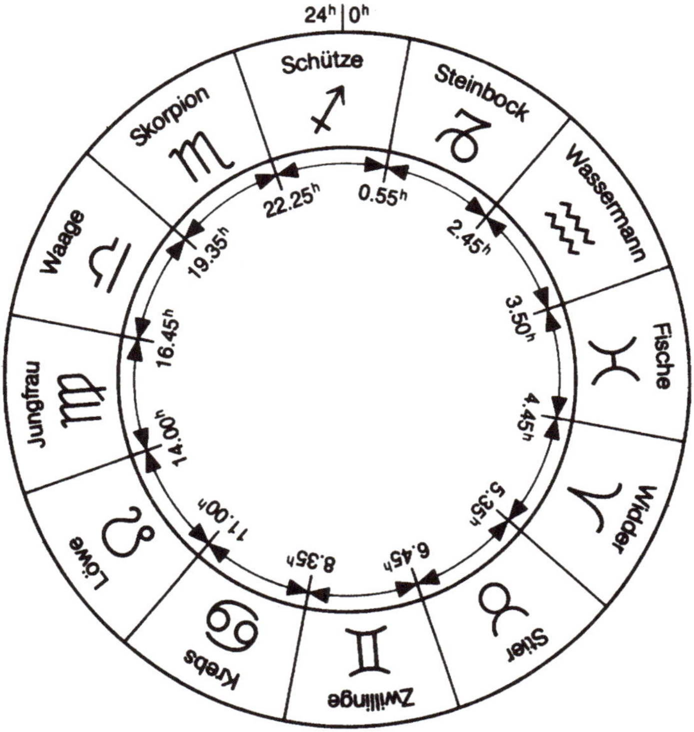

Ihr Aszendent am 12. April

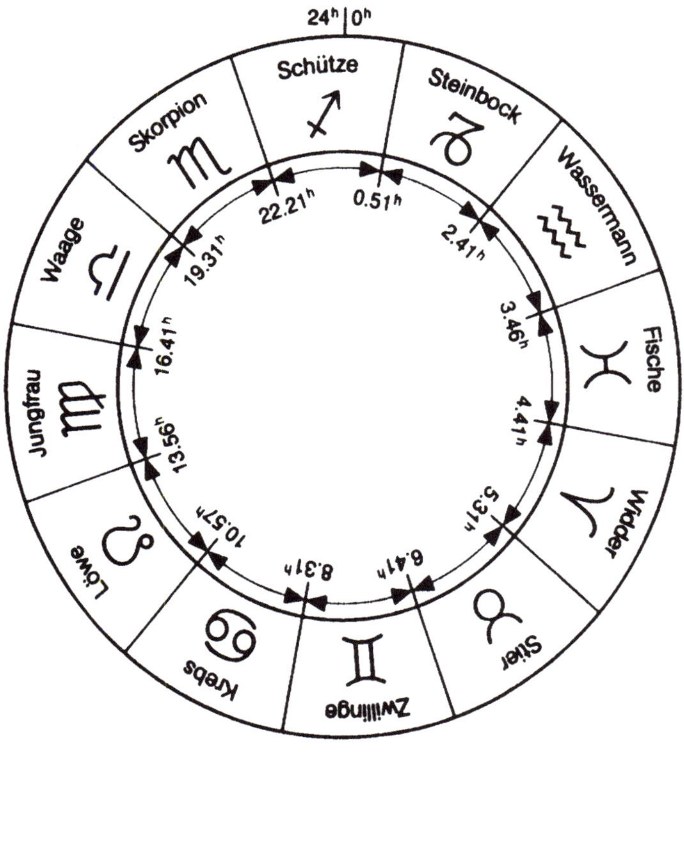

Ihr Aszendent am 13. April

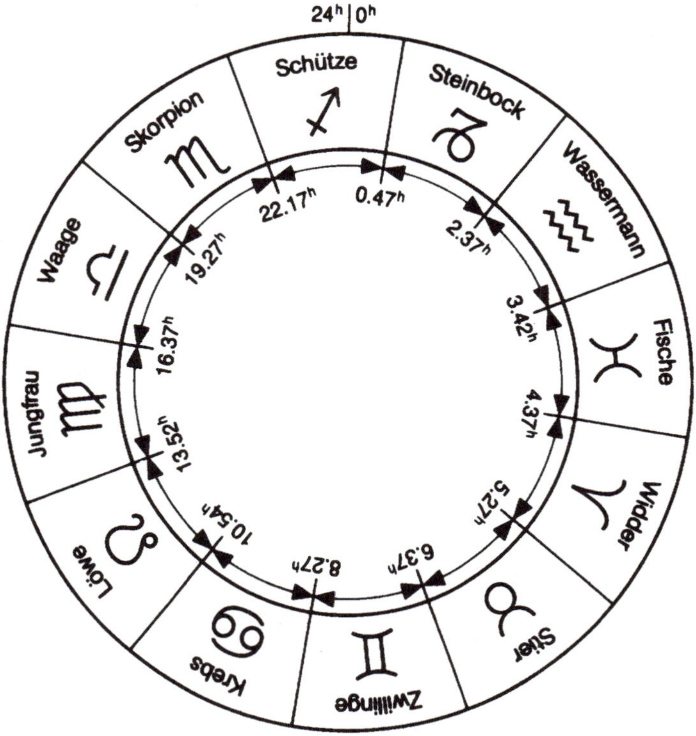

Ihr Aszendent am 14. April

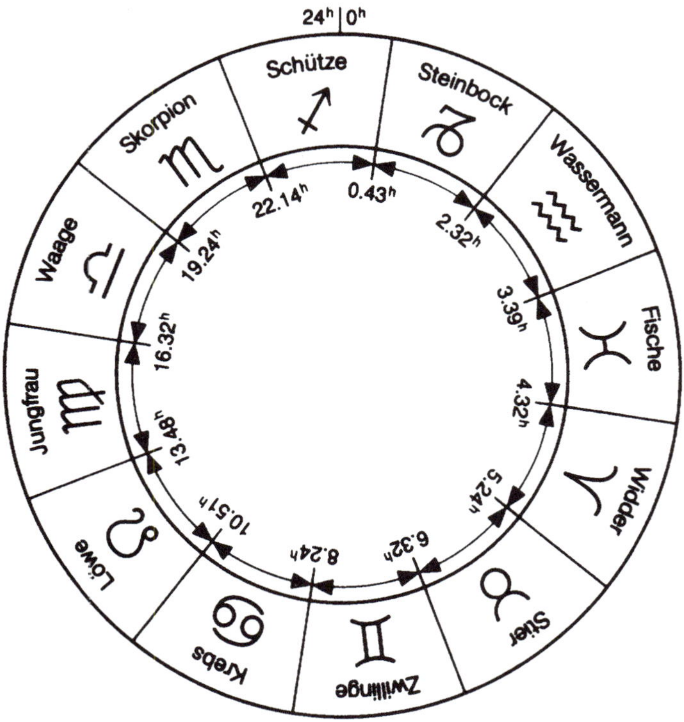

Ihr Aszendent am 15. April

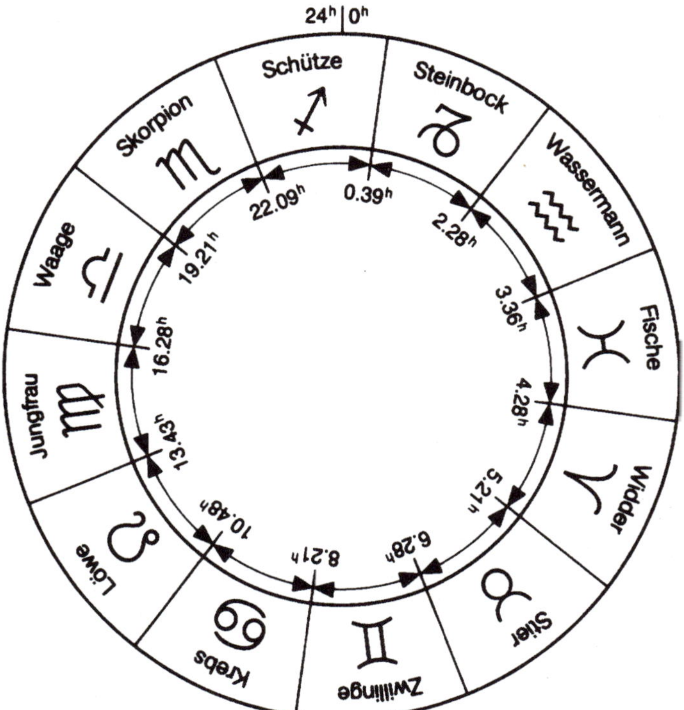

Ihr Aszendent am 16. April

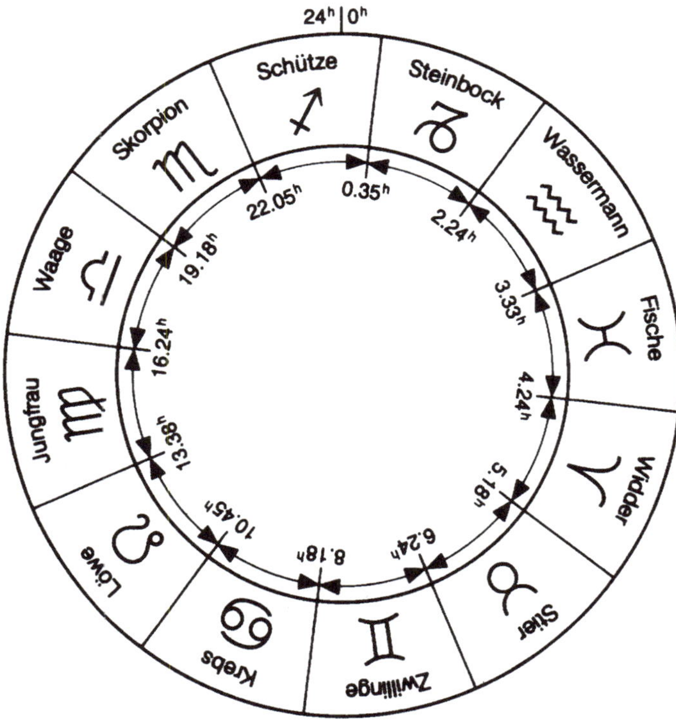

Ihr Aszendent am 17. April

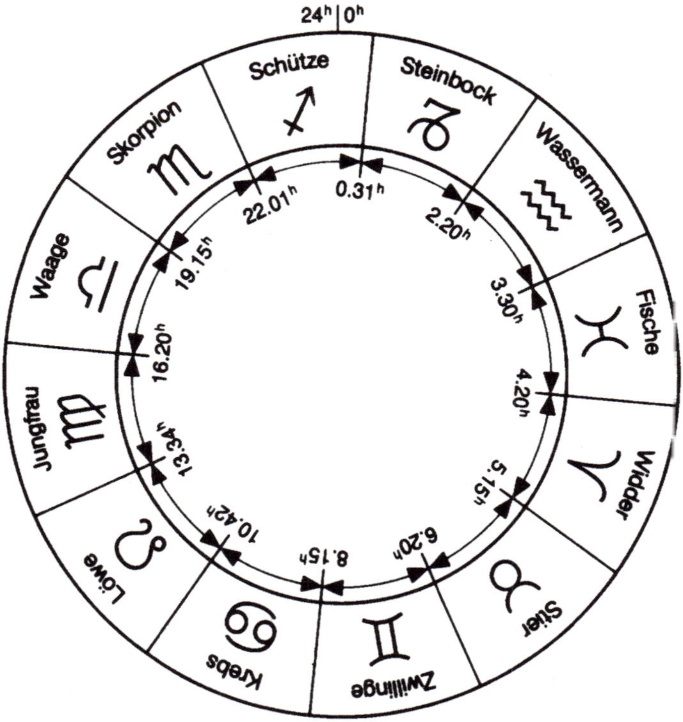

Ihr Aszendent am 18. April

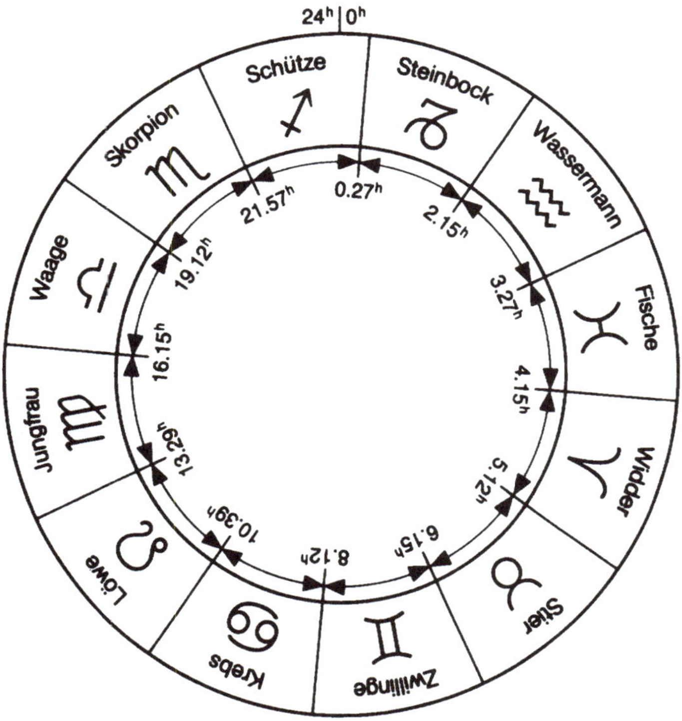

Ihr Aszendent am 19. April

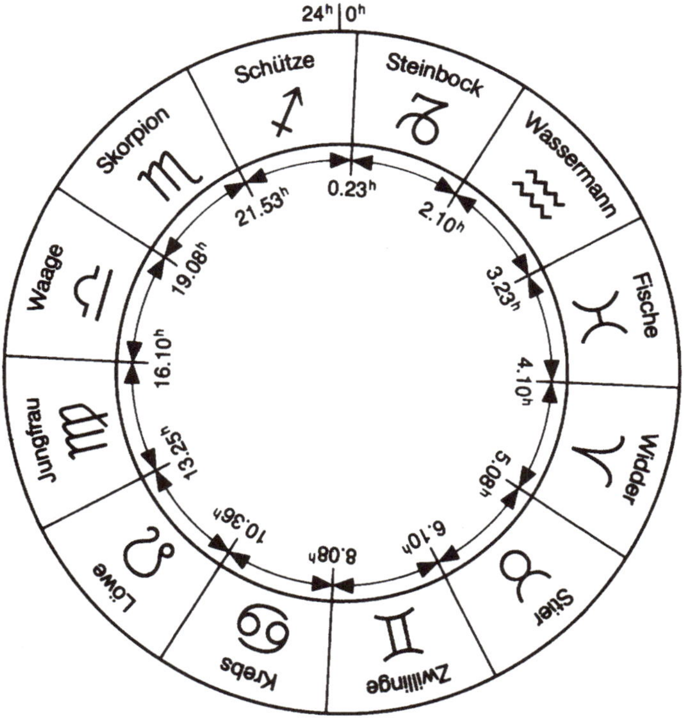

Ihr Aszendent am 20. April

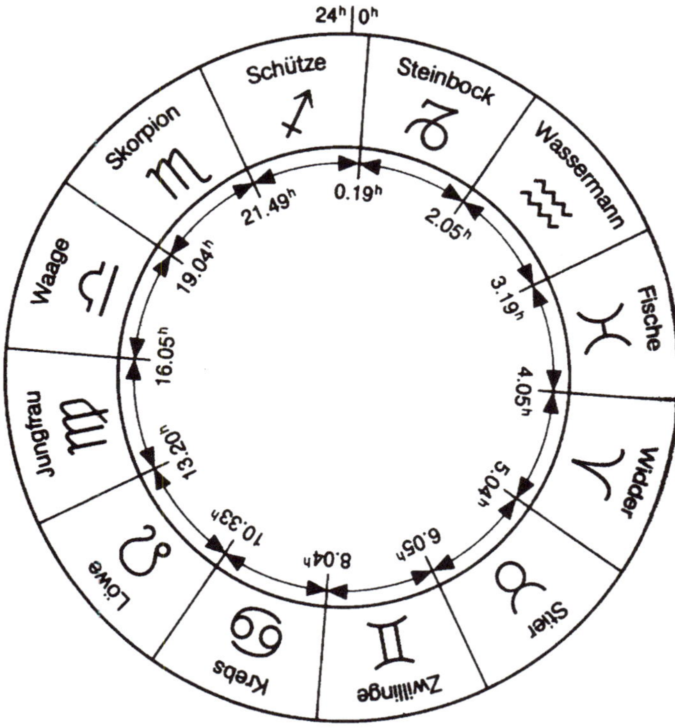

IV.
Wichtige Daten und Ereignisse

Prominente Geburtstagskinder

21. März
Johann Sebastian Bach, dt. Komponist, (1685-1750)
Raymond Queneau, frz. Schriftsteller (1903-1976)
Hans-Dietrich Genscher, dt. Politiker (1927)
Ayrton Senna, brasil. Automobilrennfahrer (1960-1994)

22. März
Anthonis van Dyck, fläm. Maler (1599-1641)
Jochen Kleppner, dt. Erzähler (1903-1942)
Grigorij Kosinzew, sowjet. Filmregisseur (1905-1973)
Andrew Lloyd Webber, brit. Komponist (1948)

23. März
Margarete von Anjou, engl. Fürstin (1430-1482)
Erich Fromm, amerik. Psychoanalytiker (1900-1980)
Lale Andersen, dt. Sängerin (1905-1972)
Akira Kurosawa, japan. Regisseur (1910)

24. März
Georgius Agricola, dt. Naturforscher (1494-1555)
Robert Hamerling, österr. Dichter (1830-1889)
Steve McQueen, amerik. Schauspieler (1930-1980)
Peter Bichsell, schweiz. Schriftsteller (1935)

25. März
Katharina von Siena, ital. Dichterin (1347-1380)
Joachim Murat, frz. General (1767-1815)
Bela Bartók, ungar. Komponist (1881-1945)
Hans Joachim Haecker, dt. Lyriker (1910)
Elton John, brit. Rockmusiker (1947)

26. März
Benjamin Rumford, amerik. Physiker (1753-1814)
Elsa Brandström, schwed. Philanthropin (1888-1948)
Tenessee Williams, amerik. Dramatiker (1911-1983)
Annemarie Moser-Pröll, österr. Skifahrerin (1953)
Patrick Süskind, dt. Schriftsteller (1949)

27. März
Franz Ràkòczi, ungar. Nationalheld (1676-1735)
Wilhelm Conrad Röntgen, dt. Physiker (1845-1923)
Heinrich Mann, dt. Schriftsteller (1871-1950)
Erich Ollenhauer, dt. Politiker (1901-1963)
James Callaghan, brit. Politiker (1912)

28. März
Johann Amos Comenius, böhm. Pädagoge (1592-1670)
Aristide Briand, frz. Politiker (1862-1932)
Maxim Gorki, russ. Schriftsteller (1868-1936)
Joseph »Sepp« Herberger, dt. Fußballtrainer (1897-1977)
Werner Bahlsen, dt. Keksfabrikant (1904)

29. März
Santorio, ital. Arzt (1561-1636)
Wilhelm Liebknecht, dt. Politiker und Journalist (1826-1900)
Brigitte Horney, dt. Schauspielerin (1911-1988)
John Major, brit. Politiker (1943)
Rainer Bonhof, dt. Fußballnationalspieler (1952)

30. März
Moses Maimonides, jüd. Philosoph und Arzt (1135-1204)
Paul Verlaine, frz. Dichter (1844-1896)
Vincent van Gogh, niederl. Maler (1853-1890)
Warren Beatty, amerik. Schauspieler (1937)
Eric Clapton, brit Sänger. und Gitarrist (1945)

31. März
Papst Pius IV. (1499-1565)
Rene Descartes, frz. Philosoph und Mathematiker (1596-1650)
Joseph Haydn, österr. Komponist (1732-1809)
Henri Queulle, frz. Politiker (1884-1970)
Löric Szabó, ungar. Schriftsteller (1900-1957)

1. April
Abbé Prévost, frz. Schriftsteller (1697-1763)
Salomon Geßner, schweiz. Dichter und Maler (1730-1788)
Otto von Bismarck, dt. Staatsmann (1815-1898)
Edgar Wallace, brit. Schriftsteller (1875-1932)
Milan Kundera, tschech. Schrifsteller (1929)

2. April
Karl der Große, König der Franken (747-814)
Wilhelm Ludwig Gleim, dt. Dichter (1719-1803)
Emile Zola, frz. Schriftsteller (1840-1902)
Alec Guinness, brit. Schauspieler (1914)
Ferenc Puskas, ungar. Fußballspieler (1927)

3. April
Joseph von Gerlach, dt. Arzt (1820-1896)
Léon Gambetta, frz. Politiker (1838-1882)
Doris Day, amerik. Sängerin (1924)
Marlon Brando, amerik. Schauspieler (1924)
Helmut Kohl, dt. Politiker (1930)

4. April
Caracalla, römischer Kaiser (186-217)
Hans Klemm, dt. Flugzeugkonstrukteur (1885-1961)
Louise de Vilmorin, frz. Schriftstellerin (1902-1969)
Muddy Waters, amerik. Musiker (1915-1983)
Anthony Perkins, amerik. Schauspieler (1932-1992)

5. April
Thomas Hobbes, engl. Philosoph (1588-1679)
Louis Spohr, dt. Komponist (1784-1859)
Spencer Tracy, amerik. Schauspieler (1900-1967)
Herbert von Karajan, österr. Dirigent (1908-1989)
Roman Herzog, dt. Politiker (1934)

6. April
Raffael, ital. Maler und Baumeister (1483-1520)
Gustave Moreau, frz. Maler (1826-1898)
Anthony Fokker, niederl. Flugzeugkonstrukeur (1890-1939)
Kurt Georg Kiesinger, dt. Politiker (1904-1988)
Bob Marley, jamaik. Musiker (1945-1981)

7. April
Gerrit Dou, niederl. Maler (1613-1675)
Wilhelm Launhardt, dt. Bautechniker (1832-1918)
Jacques Loeb, dt. Arzt (1859-1924)
Francis Ford Coppola, amerik. Filmregisseur (1939)
Gerhard Schröder, dt. Politiker (1944)

8. April
Timur Leng, zentralasiat. Herrscher (1336-1405)
Christophe de Castellnaudary, frz. Schriftsteller (1679-1743)
Albert I., belg. König (1875-1934)
Santiago Bernabéu, span. Sportfunktionär (1895-1978)
Jacques Brel, frz. Chansonnier (1929-1978)

9. April
Giuditta Pasta, ital. Sängerin (1789-1865)
Charles Baudelaire, frz. Schriftsteller (1821-1867)
Julius Hart, dt. Schriftsteller (1859-1930)
Erich Ludendorff, dt. General (1865-1937)
Jean-Paul Belmondo, frz. Schauspieler (1933)

10. April
Joseph Pulitzer, amerik. Journalist (1847-1911)
Stefan Heym, dt. Schriftsteller (1913)
Max von Sydow, dt. Schauspieler (1929)

11. April
James Parkinson, brit. Mediziner (1755-1824)
Sergej Prokofieff, rus. Komponist (1891-1953)
Bernd Eichinger, dt. Filmproduzent (1949)

12. April
Joachim Camerarius, dt. Humanist (1500-1574)
Hugo Adolf Steinheil, dt. Ingenieur (1832-1893)
Lionel Hampton, amerik. Jazzmusiker (1909)
Joseph »Joschka« Fischer, dt. Politiker (1948)

13. April
Thomas Jefferson, amerik. Staatsmann (1743-1826)
Ludwig Edinger, dt. Arzt (1855-1918)
Samuel Beckett, irisch. Schriftsteller (1906-1989)
Garri Kasparow, rus. Schachspieler (1963)

14. April
Philipp III., König von Spanien (1578-1621)
François Duvallier, hait. Politiker (1907-1971)
Rodney Steiger, amerik. Schauspieler (1925)
Montserrat Caballé, span. Sängerin (1933)
Nessie, schott. Ungeheuer (1933)

15. April
Leonardo da Vinci, ital. Bildhauer, Konstrukteur (1452-1519)
Katharina I., russ. Kaiserin (1684-1727)
Wilhelm Busch, dt. Schriftsteller und Maler (1832-1908)
Erich Ahrendt, dt. Schriftsteller (1903)
Richard von Weizsäcker, dt. Politiker (1920)

16. April
Abrahm Calovius, dt. Theologe (1612-1686)
Anatole France, frz. Autor (1844-1924)
Wilbur Wright, amerik. Flugzeugkonstrukteur (1867-1912)
Charles »Charlie« Chaplin, brit. Schauspieler (1889-1977)
Peter Ustinov, brit. Schauspieler und Regisseur (1921)

17. April
Johann Gottlieb Naumann, dt. Komponist (1741-1801)
Friedrich König, dt. Erfinder und Drucker(1774-1833)
Nikita Chruschtschow, sowjet. Politiker (1894-1971)
Thornton Wilder, amerik. Schriftsteller (1897-1975)
Horst Hrubesch, dt. Fußballnationalspieler (1951)

18. April
David Ricardo, brit. Volkswirtschaftler (1772-1823)
Ferdinand Arlt, österr. Arzt (1812-1887)
László Németh, ungar. Schriftsteller (1901-1975)
Joseph Goldstein, amerik. Molekulargenetiker (1940)
Jochen Rindt, dt. Automobilrennfahrer (1942-1970)

19. April
Friederike Brion, Freundin Goethes (1752-1813)
Richard Hughes, engl. Erzähler (1900-1976)
Alice Salomon, dt. Frauenrechtlerin (1872-1948)
Jayne Mansfield, amerik. Schauspielerin (1932-1967)
Frank Elstner, dt. Showmaster (1942)

20 April
Napoléon III., frz. Kaiser (1808-1873)
Friedrich von Sallet, dt. Dichter (1812-1843)
Joan Miró, span. Maler und Bildhauer (1893-1983)
Ryan O´Neal, amerik. Schauspieler (1941)
John Eliot Gardiner, brit. Dirigent (1943)

Ereignisse, die Geschichte machten

21. März

1804 Der Code civil, in dem die ersten demokratischen Rechte gesichert werden, wird in Frankreich zur Grundlage der Rechtsprechung.

1953 Das 3-D-Filmverfahren wird als neue Revolution in der Kinowelt angekündigt. 3-D-Brillen ermöglichen dabei den Zuschauern ein neues Filmerlebnis.

1958 Das Europäische Parlament konstituiert sich.

22. März

1792 Ein Plan liegt in Frankreich vor, nach dem ein erster optischer Telegraf entstehen soll.

1919 Die erste internationale Fluglinie nimmt zwischen Belgien und Frankreich ihren Dienst auf.

1974 Bundestagsbeschluss: Die Volljährigkeit beginnt mit 18 Jahren.

23. März

1776 Die Bühne der Wiener Burg wird zum Nationaltheater.

1933 Ein Ermächtigungsgesetz erlaubt Hitler den Erlass von Gesetzen ohne Parlamentsabstimmung.

1966 Ludwig Erhard löst Konrad Adenauer als Bundeskanzler ab.

24. März

1802 In England wird eine Hochdruckdampfmaschine patentiert. In eine Kutsche eingebaut, kann diese erstmalig Pferde ersetzen.

1944 Als Sühne für einen Sprengstoffanschlag in Rom lässt Hitler 335 Geiseln umbringen.

1989 Durch das Tankerunglück der Exxon Valdez kommt es zu einer Ölpest an der Küste Alaskas.

25. März

1821 Griechenlands Kampf um Unabhängigkeit von den Osmanen beginnt. Sechs Jahre später wird er erfolgreich beendet.

1954 Aus der Sowjetisch Besetzten Zone entsteht die DDR.

1990 Die Lübecker Synagoge wird durch einen Brandanschlag stark beschädigt.

26. März

1898 Der Jugendstil erhält durch eine Ausstellung Einzug in Wien: Er gewinnt seine Formen aus der Materialstruktur und Funktionalität.

1959 Mit einem Luftkissenfahrzeug, Hovercraft genannt, wird erstmalig der Ärmelkanal überquert.

1989 Die Reformen tragen Früchte: In den UdSSR finden die ersten demokratischen Wahlen statt.

27. März

1813 Kriegserklärung an Frankreich: Der preußische König Friedrich Wilhelm III. beginnt mit dem Widerstand gegen Napoleon.

1940 Uraufführung des ersten Hitchcock-Thrillers »Rebecca«, der nach einer Romanvorlage von Daphne du Maurier gedreht wurde.

1977 Bei einem Zusammenstoß zweier Jumbo-Jets auf Teneriffa sterben 575 Menschen.

28. März

1828 Franz Schubert gibt sein einziges Konzert in Wien.

1849 Die deutsche Nationalversammlung beschließt die erste Verfassung.

1979 In einem amerikanischen Atomkraftwerk bei Harrisburg bricht das Kühlsystem zusammen, was fast eine Kernschmelze zur Folge hat. Dies ist der bis dahin größte Unglücksfall mit Atomkraft.

29. März

1894	Der Bund deutscher Frauenvereine wird gegründet.
1912	Robert Scott macht auf dem Rückweg vom Südpol seine letzte Tagebucheintragung, bevor er mit vier Begleitern in einem Schneesturm umkommt.
1989	Einweihung der neuen Glaspyramide vor dem Museum Louvre in Paris.

30. März

1282	»Sizilianische Blutvesper«: Siziliens Befreiung von den herrschenden Franzosen beginnt am Ostermontag nach der Vesper, wobei es zum Massaker kommt.
1867	Russland verkauft Alaska an die USA.
1987	Das Werk »Sonnenblumen« von Vincent van Gogh wird für den Spitzenpreis von 72,5 Mio. DM verkauft.

31. März

1889	In Paris wird der nach dem Erbauer Alexandre Gustav Eiffel benannte Eiffelturm vollendet.
1964	Beatles-Fieber auf dem Höhepunkt: Sie belegen die ersten fünf Plätze in den Popcharts.
1991	Der Warschauer Pakt, der als östliches Gegengewicht zur NATO entstand, löst sich auf.

1. April

1777	Uraufführung des epochemachenden Theaterstücks »Sturm und Drang« von Friedrich Maximilian Klinger.
1881	Das erste Telefonnetz Deutschlands wird in Berlin mit 48 Teilnehmern in Betrieb genommen.
1930	Uraufführung des Kinofilms »Der Blaue Engel« mit Marlene Dietrich
1990	Detlev Karsten Rohwedder, Leiter der Treuhand, wird von der Roten Armee Fraktion (RAF) ermordet.

2. April

1831 In England wird der erste Busdienst eingesetzt. Mit Dampf betrieben, ähnelt das Gefährt einer Lokomotive und kann bis zu 20 Personen befördern.

1917 Die USA beschließen, in den Krieg gegen Deutschland einzutreten.

1982 Argentinische Soldaten okkupieren die Falklandinseln, die seit 1833 Teil Großbritanniens sind.

3. April

1919 Österreich schafft die Todesstrafe ab.

1922 Josef W. Stalin wird Generalsekretär der Kommunistischen Partei Russlands.

1948 Mit der Unterzeichnung des Marshallplanes durch den Präsidenten der USA, Harry S. Truman, wird der Wiederaufbau Europas in Angriff genommen.

4. April

1865 Wilhelm Buschs satirische Geschichte »Max und Moritz« erscheint.

1968 Martin Luther King, bekannt durch sein Eintreten für die Gleichberechtigung der Schwarzen in den USA, wird erschossen.

1992 Die erste Bischöfin in der evangelisch-lutherischen Kirche weltweit tritt in Hamburg ihr Amt an.

5. April

1722 Die Osterinseln werden entdeckt, auf denen Statuen gefunden werden, deren Bedeutung bis heute noch nicht völlig geklärt ist.

1794 Georges Jacques Danton, Mitinitiator der Französischen Revolution, wird durch die Guillotine hingerichtet.

1951 Erstmals wird die Herzfunktion bei einer Operation von einer Herz-Lungen-Maschine übernommen.

6. April

1789	George Washington wird erster US-Präsident.
1896	Die Olympischen Spiele der Neuzeit erleben ihren Anfang in Athen.
1917	Die Unabhängige Sozialdemokratische Partei Deutschlands (USPD) spaltet sich von der SPD ab.
1968	Stanley Kubricks »2001-Odyssee im Weltraum« wird uraufgeführt und verhilft dem Science-fiction-Genre zu einem enormen Aufschwung.
1994	Der Präsident Ruandas stirbt bei einem Flugzeugabsturz. Dies löst den Bürgerkrieg zwischen Ruanda und Burundi aus, in dessen Verlauf rund eine Million Menschen umkommen.

7. April

1348	Prag erlebt die erste Universitätsgründung in Mitteleuropa.
1833	Der erste elektromagnetische Telegraf wird in Betrieb genommen.
1933	Die Nazis lösen die föderale Organisation der deutschen Länder per Gleichschaltungsgesetz auf.
1990	Bei dem Fährunglück der »Scandinavian Star« verlieren 160 Passagiere ihr Leben.

8. April

1906	Fertigstellung des ersten deutschen Unterseebootes.
1949	Die Unterzeichnung eines Abkommens der westlichen Alliierten stellt die Gründung der Bundesrepublik in Aussicht.
1973	Pablo Picasso, spanischer Maler und Bildhauer und einer der wichtigsten Repräsentanten moderner Malerei, stirbt in Südfrankreich im Alter von 91 Jahren.
1994	Die Restaurierung des Wandgemäldes »Das Jüngste Gericht« von Michelangelo in der Sixtinischen Kapelle im Vatikan ist abgeschlossen.

9. April

1667 Erste Kunstausstellung der Welt im Louvre

1955 Der Kinoerfolg »Jenseits von Eden« wird uraufgeführt und macht den Schauspieler James Dean zur Legende.

1989 Erster Sieg eines deutschen Teams bei der Tischtennisweltmeisterschaft.

10. April

1864 Ein Habsburger, Erzherzog Maximilian, wird Kaiser von Mexiko.

1932 Paul von Hindenburg wird als Reichspräsident in seinem Amt bestätigt. Adolf Hitler unterliegt als Gegenkandidat.

1946 In Japan wird das Frauenwahlrecht eingeführt.

1970 Trennung Paul McCartneys von den Beatles

11. April

1893 Belgien streikt für Wahlrecht: Es werden mehr Wahlberechtigte anerkannt.

1895 Erste Projektoren zur Filmvorführung patentiert. Das Kino-Zeitalter wird eingeläutet.

1968 Rudi Dutschke, Vordenker der Studentenbewegung, wird durch Schüsse schwer verletzt. Er zieht sich daraufhin aus dem aktiven politischen Leben zurück.

12. April

1774 Goethes »Götz von Berlichingen« wird uraufgeführt.

1861 Der Bürgerkrieg in den USA bricht aus.

1961 »Wostok 1« heißt das Raumschiff, in dem sich der Russe Juri Gagarin als erster Mensch in den Weltraum begibt.

1989 Die geplante Anlage für Wiederaufbereitung von Atommüll in Wackersdorf wird nach heftigen Protesten nicht gebaut.

13. April

1954 Der US-Atomphysiker Robert Oppenheimer wird von seinem Amt suspendiert, da er sich gegen die Entwicklung der Wasserstoffbombe ausspricht.

1955 Freigabe des Impfstoffs gegen Kinderlähmung

1992 In der Niederrheinischen Bucht wird ein Erdbeben gemessen, das 5,8 auf der Richterskala beträgt. Die schwerste Erschütterung seit 1756!

14. April

1783 Das Theaterstück »Nathan der Weise« von Gotthold Ephraim Lessing wird uraufgeführt.

1865 Der Präsident der USA, Abraham Lincoln, wird erschossen.

1989 In Afghanistan wir ein Abkommen unterschrieben, nach dem die russischen Truppen in den Rückzug aus dem Land einwilligen.

15. April

73 967 Juden begehen Selbstmord, als ihre Festung von Römern erobert wird.

1912 Untergang des Passagierschiffs »Titanic«

1925 Der Massenmörder Fritz Haarmann wir hingerichtet.

1998 In Sheffild sterben 95 Menschen bei einer Massenpanik im überfüllten Fußballstadion.

16. April

1871 Die unter der Federführung des Reichskanzlers Bismarck entstandene Reichsverfassung wird rechtskräftig.

1970 Die Verhandlungen zwischen der Sowjetunion und den USA über das Ende des Wettrüstens beginnen.

1975 Das erfolgreiche Musical »A Chorus Line« von Marvin Hamlisch wird erstmals aufgeführt.

17. April

1521	Martin Luther vertritt seine reformatorischen Thesen vor dem Wormser Reichstag.
1934	Die NSDAP übernimmt die Förderung des deutschen Schrifttums, was Zensur im Hinblick auf die Verträglichkeit mit der NS-Ideologie bedeutet.
1970	Nur knapp steuert Apollo 13, die US-amerikanische Raumphäre, an einer Katastrophe vorbei.
1981	Die unabhängige Gewerkschaft Polens, Solidarnosc, wird legalisiert.

18. April

1906	8,25 ist die Stärke des Erdbebens auf der Richterskala, das San Francisco verwüstet und tausend Menschen das Leben kostet.
1949	Irland scheidet aus dem britischen Commonwealth aus und wird eigenständige Republik.
1955	Albert Einstein stirbt in den USA.

19. April

1529	Evangelische Reichsstände protestieren auf dem Reichstag zu Speyer, daraus entstand der Spitzname »Protestanten«.
1839	Belgien wird per Vertrag neutral
1971	Die erste Station im Weltraum ist russisch und wird »Saljut 1« getauft.

20. April

1792	In der Euphorie der Revolution startet Frankreich seinen Krieg gegen die anderen europäischen Mächte.
1887	Start des ersten Autorennens in Frankreich
1945	Um die Niederlande behalten zu können, lässt Hitler in den letzten Kriegstagen Deiche sprengen und verursacht so schwere Überschwemmungen.